新时代教育高质量发展书系
XIN SHIDAI JIAOYU GAO ZHILIANG FAZHAN SHUXI

U0690195

陈中华 ◎ 著

高效课堂的多维设计

课堂掌控细节面面观

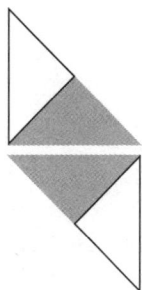

中国大百科全书出版社　知识出版社

图书在版编目（CIP）数据

高效课堂的多维设计：课堂掌控细节面面观 / 陈中
华著 . -- 北京：知识出版社，2022.5
（新时代教育高质量发展书系）
ISBN 978-7-5215-0526-9

I. ①高… II. ①陈… III. ①课堂教学—教学设计
IV. ① G424.21

中国版本图书馆 CIP 数据核字（2022）第 068218 号

高效课堂的多维设计：课堂掌控细节面面观

陈中华　著

出 版 人	姜钦云	
图书统筹	王云霞	
责任编辑	朱金叶	
责任印制	李宝丰	
版式设计	博越创想	
出版发行	知识出版社	
地　　址	北京市西城区阜成门北大街 17 号	
邮　　编	100037	
网　　址	http://www.ecph.com.cn	
电　　话	010-88390659	
印　　刷	北京一鑫印务有限责任公司	
开　　本	710mm×1000mm　1/16	
印　　张	16.25	
字　　数	220 千字	
版　　次	2022 年 5 月第 1 版	
印　　次	2023 年 3 月第 2 次印刷	
书　　号	ISBN 978-7-5215-0526-9	
定　　价	50.00 元	

让教育沐浴人性的光辉

　　教育是一项关乎千家万户的事业，社会的发展进步，需要先进的教育思想引领。时代在变，教育也在变，然而变中也有"不变"。所以，我们只有对教育进行哲学的思考，只有搞清楚了哪些需要变，哪些不能变，才能真正做好教育。而教育的本质是什么，什么是好的教育，理想的教育是什么样的，这些最基本的教育问题应是教育哲学思考的源头。只有弄清楚这些最基本的问题，我们才能找到正确的方向，办出有质量的教育。

　　教育是培养人的事业，是一项通过培养人让人类不断走向崇高、生活更加美好的事业。因此，教育最重要的任务是塑造美好的人性，培养美好的人格，使学生拥有美好的人生。要达成这样的目标，就需要一批有理想、有情怀、有追求、有实干精神的校长和教师，用自己的青春和智慧去践行。而在现实中，也确实有这样一群人，他们热爱教育事业，关爱每一个学生，一步一个脚印，用脚去丈量教育，用心去感受教育，用智慧去点亮教育。

　　如何将这样一群人聚在一起，用他们的智慧去影响更多的教师？

　　中国大百科全书出版社、知识出版社策划出版了"新时代教育高质量发展书系"，对新时代教育如何实现高质量发展进行了可贵的探索。他们在全国范围内会聚了 60 名优秀教育工作者，这些教育工作者大多是扎根教育一线的优秀校长和教师。书中的经验、实践、体会和思想，既有教学的艺术，也有管理的智慧；既有育人的技巧，也有师德的弘扬；既有教师的成长感悟，也有校长的发展思考；既有师生关系的融通之术，也有家校关系的互动之道。60本书，60个点，每一个点都是一门学问，一门艺术。

我今年给"新教育"的同人写过一封新年贺信，题目是"让教育沐浴人性的光辉"，从三个方面对教师的工作提出了建议。在这里我也把这三条建议送给这套丛书的作者和读者朋友。

一是要善待我们自己。要珍惜时间，张弛有度，让人生丰盈；要发现教师职业魅力，做一个善于享受教育生活的人；要培养健康的爱好，做一个有生活情趣的人；要与学生一起成长，做一个在教育过程中不断进取的人；要不断挑战自我的最高峰，做一个创造生命传奇的人。

二是要善待学生。要尊重学生，让学生能够张扬自己的个性，发挥自己的潜能，成为更好的自己。学生，是活力十足、茁壮成长的下一代，我们应该从发展的角度考虑，如何帮助他们成为一个有理想、有激情、有智慧的人，一个能够适应社会并且受人欢迎的人，一个挖掘自身潜能、张扬不同个性的人。

三是要把教育的温暖传递给社会。许多问题，归根结底是教育的问题。尽管我们任何一个人，作为个体的力量都是有限的，但是，再渺小的个体，也能够温暖身边的人。所以，我们要让所有和我们相遇的人，都能够感受到我们的美好和温暖，这也是让人与人之间，让全社会变得更美好、更温暖的有效方式。

有人性的人是明亮的，有人性的教育是光明的。让教育沐浴人性的光辉，我们的今天才会更加幸福，我们的明天将会更加美好，我们的世界也将会更加璀璨。

是以为序。

朱永新

2020 年 5 月 1 日

目录

第一章　课堂用语的魅力

第一节　语言表达有艺术 _ 003

第二节　语言表达有节奏 _ 005

第三节　语言表达有力度 _ 008

第四节　语言表达有标准 _ 010

第二章　课堂组织技巧

第一节　引导学生 _ 015

第二节　调控心理 _ 018

第三节　技巧四法 _ 020

第三章 课堂管理方法

第一节 课堂把握 _ 025

第二节 问题处理 _ 031

第三节 节奏把握 _ 045

第四节 合作学习 _ 062

第四章 课堂程序设计

第一节 设计的意义 _ 071

第二节 设计的内容 _ 082

第三节 设计的辅助 _ 089

第五章 课堂效率提升

第一节 提升因素 _ 103

第二节 教师主导 _ 106

第三节 方法展示 _ 109

第六章 教学过程优化

第一节 优化样式 _ 117

第二节 优化方法 _ 121

第三节 优化例说 _ 124

第七章 教学方法选择

第一节 为何选择 _ 129

第二节 创造选择 _ 134

第三节　媒体选择 _ 144

第八章　教学准备

第一节　为什么要备课 _ 159

第二节　备课方法例说 _ 166

第三节　教案应用技巧 _ 172

第九章　教学导入

第一节　导入六原则 _ 179

第二节　导入方法 _ 182

第十章　思维培养

第一节　直觉思维的培养 _ 189

第二节　逻辑思维的培养 _ 192

第十一章　提问方法

第一节　在启发中问 _ 201

第二节　在思考中答 _ 217

第十二章　结尾的技巧

第一节　课堂结尾三原则 _ 231

第二节　课堂留白的艺术 _ 233

第三节　课堂结尾的方式 _ 235

第十三章 练习与应用

第一节 练习设计五原则 _ 239

第二节 练习设计十六法 _ 242

第三节 练习安排十二法 _ 247

第四节 练后评析六方式 _ 250

第一章

课堂用语的魅力

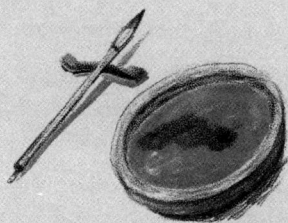

第一节　语言表达有艺术

语言表达是教师教学基本功之一。作为一位优秀的教师，即使满腹经纶，如果不能把自己的所学准确而流畅地表现出来，把自己的知识和东西传授给每一个学生，用自己的知识激发每一个学生的兴趣，启迪每一个学生的思维，那么其教学效果也会收效甚微。正如俗话说的"茶壶里煮饺子，肚里有货倒不出"。

一、要重视语言表达能力

重视语言表达能力主要做到以下三点：

（1）课堂教学要重视语言表达的艺术，语言表达应简明准确、紧扣教学核心，同时还要追求生动形象、扣人心弦，这样才会有感染力。

（2）在指导学生阅读时，教师要讲究语言表达的艺术，做到简单明确、直击其所有的要害，使教师的语言表达，能够带给学生有启发性的引导，这样才能达到帮助学生提高阅读能力的最终目的。

（3）教师在朗读的时候，不仅要注意语言表达的准确性，还要讲究声音的掌控艺术，要从有节奏、有感情、有韵味上下功夫，通过教师声情并茂的朗读带给学生美的感受，让学生喜欢听，从而爱上朗读。我们知道同是一篇文章，有的教师朗读时，会引发学生心驰神往、情感迸发，情不自禁地受到感染；而听有的教师朗读时，学生会昏昏欲睡，不能引起共鸣。由此看来，不同的语言表达能力会收到不同的效果，课堂教学一定要重视语言运用的艺术。

二、要重视形象化的教学语言

什么样的语言才是课堂教学语言呢？其实所谓课堂教学语言就是一种结合课堂教学内容的语言表达，是一种激发学生兴趣、展现思维、充满启迪的形象化的语言，说到底就是一种能够调动学生学习积极性的语言。

课堂教学语言的特征如下：

（1）教学过程中处处流淌着渊博的知识。语言表达充满知识性、科学性，不容置疑。

（2）普通话流利，语调抑扬顿挫有感情，能够恰如其分地表达教学内容。

（3）例证生动且与实际生活紧密联系，时时有充满活力的俗语、成语以及形象化的比喻等，语言丰富、妙趣横生。

（4）逻辑严密，深入浅出；语言严谨、引人深思。

（5）具有一定的演讲技巧，会使用幽默、悬念、欲扬先抑等语言表达手段创设情境，使学生快乐学习。

（6）语言新颖，具有新信息"佐料"，并能融进教学内容，激发学生求知欲。

第二节　语言表达有节奏

　　一堂成功的教学课就好比一曲好听的音乐，只有旋律明快曲调悠扬，节奏和谐环环相扣，才会带给人艺术美的享受。

一、教学内容的详略

　　教学内容必须要突出重点、分清详略。如果面面俱到，"眉毛胡子一把抓"，那就如同平静的小河，无波澜起伏，沉闷而无趣。也会造成学生"捡芝麻，丢西瓜"的后果。因此，教师一定要根据学科特点并充分结合学生的实际，认真做好教学计划。要以教学中的重点、难点作为教学的主要目标，投入主要的精力予以突破，次要部分也要详略得当，这样才能形成良好的教学节奏，取得良好的课堂教学效果。

二、教学速度的快慢

　　教师在把握教学时的速度会出现以下两种倾向，一是速度过快，上台就开讲，犹如连珠炮一样停不下来，一节课三下五除二就已经全部上完了，学生还没有真正进入学习状况就过去了，囫囵吞枣，造成知识消化不良；二是速度过慢，烦琐而又重复地讲解，明明只是一个简单问题，却要来回说，导致大多数学生心烦意乱，知识输送不良。由此可见，在进行具体的教学活动时，教学的节奏要根据教学内容与实际教学需求而进行把控，做到快与慢互相交替，长与短错落有致，形成学生适应的教学节奏，达到教学相长的目的。

三、教学思维的张弛

所谓"张"，就是教学过程到达高潮后，学生思维沉浸其中所表现出的兴奋状态。当一堂课逐渐达到教学高潮后，就能使学生进入到一个良好的学习状态，从而使学生迅速并准确掌握所传授的知识、技能。所谓"弛"，就是指在紧张的教学过程中停顿和休整时，学生思维也正处于相对放松的状态。"文武之道，一张一弛"，即使最激情的乐曲也会存在休止符，教学也应该如此。教学过程中，要留出一些让学生静心回味的时间，让学生充分地思考。也就是留出充足时间让学生消化吸收新的知识。

四、快节奏的探讨

有些老师的讲课节奏很快。一般来说，快节奏教学只有极少数反应敏捷的学生才适应，而那些大量的普通学生，尤其是那些反应速度慢的学生就很难适应了。可事实上这些教师却非常受学生们喜爱。对于他们的课不仅仅反应敏捷的学生喜欢听，就连那些反应速度较慢的学生也都喜欢。而且其教学效果也出人意料的好。

为什么快节奏教学会被人喜欢呢？

其实这很正常，只不过我们并没有去仔细研究并认识它，从而能自觉地、有意识地利用它罢了。学生喜欢快节奏教学的原因有下面两点：

（1）人处于精神振奋的情况下，学习效果是最佳的，而适当加快教学节奏，可以有效刺激大脑，振奋精神，带给人活力。正如在欣赏音乐时，随着音乐节奏加快，精神也会随之振奋一样。在一定条件、时间中，适当加快讲授节奏，可以促使学生兴奋的精神状态持续，从而更快、更好地获得知识，其教学效果自然也就更好。

（2）学生都有掌握知识的欲望，快节奏授课也正是抓住了这个特点，激发了这种欲望，这也是学生喜欢快节奏的一个原因。

万事过犹而不及，快节奏也要适度，不快让人兴趣缺失，太快让人消化不良，其结果都会大相径庭。适度，就是以让学生听明白，知识消化良好为前题，适当加快节奏从而刺激大脑，把学生学习维持在一种成功学习的痛快淋漓的感觉之中。当然，快节奏不是天生的，是教师、学生逐渐配合而构建的一种良好状态。

第三节 语言表达有力度

语言力度，体现了教师有效影响且改变学生的心理、行为的能力。其包括以下几点：

（1）从传统角度来讲，教师职业本身就要求其语言要有力度。有许多学生对父母的话不放在心上，而对教师则言听计从。很多时候，学生相互争辩时，有人会引用老师的话做依据，这和学生"向师性"的内在心理趋向是完全符合的。这种现象，会导致教师的光荣感大大增强，也就是说，这种现象会使教师在课堂上格外关注自己的言行举止。

（2）从教学的社会性来讲，教师的知识、经验导致其语言会有力度。教师的知识面越广泛，经验越丰富，也就越有可能充分地满足学生的求知愿望，这样教师的语言力度自然也就越大。所以，作为一名教师，要不断地丰富自己的人生阅历，不断更新知识，以充分满足每个学生的心理需求，增强语言力度。

（3）从历史性来讲，教师的资历越高，语言能动性就越大。那些学历很高、从教期长、教学实践经验丰富、做出特别贡献的优秀教师，自然能让人对其产生崇敬之情。而且人的敬重心越强，其语言的力度就越大。所以，教师要不断地成长，并且保持自身的美好形象。

（4）从自身品格来讲，教师的品格也影响着他的语言力度。那些公道正直、无私奉献、以身作则、言行一致、一心为了学生的教师，其语言力度就很大，具有极强的感召力、教育力、动员力和说服力。

（5）从自身能力来讲，分析问题、准确判断、解答疑难、创新发展等都是老师应该具备的基本能力，而自身能力越强的老师，其语言力度也会越大。所以，教师必须尽一切努力提升自身的能力素质，最大限度地满足课堂上教授学生的需要，这样其语言力度才会越来越大。

（6）从情感方面来讲，教师和学生之间如果情感能够相通，心理能够相容，就可以促进师生的亲密互动。学生们会从教师的关怀和体贴中体验到亲近感，而随着这种亲近感的增强，教师对学生的语言力度就会随之增强。常言道："亲其师，信其道。"教师通过与学生建立深厚情感来增强语言力度不失为一种好办法。

第四节　语言表达有标准

教学语言有其特殊性，也有一定的标准要求，现总结如下。

一、通俗

"通俗"主要指的是说话必须兼具书面语言的精准和口头语言的通俗易懂，这样才能使学生更容易理解和接受。通过教学实践可以知道：成功的课堂教学离不开老师深入浅出地向学生讲解问题，而不成功的课堂教学往往是因为老师不能把自己的思想和意图充分地表达出来。所以我们的教师在课堂中使用的教学语言应该通俗易懂，这时候就需要一个展现创造力的过程，就是我们的教师必须把教学内容中的书面语言进行加工和改造，从而将其转化成一种口头语言。尤其是要把那些生疏的书面语言转变为熟悉的口头语言，使得学生更容易理解并掌握所学知识。

二、鲜活

曾经有一位教育专家说过，世界上没有枯燥的知识，只有枯燥的讲授。鲜活形象的课堂教学语言能够催化出良好的课堂教学效果。如果教师的口才不理想，语言枯燥乏味，那么即便课文内容生动有趣，也可能会讲得索然无味，毫无情感可言。

三、准确

教学语言的灵魂就是准确，不准确的教学语言就如同失去了"灵魂"。假如我们的课堂教学语言缺少了知识性、科学性，那么不管语言如何生动有趣，词句怎样华美，都无法掩饰其在课堂表达中的苍白无力。

四、幽默

风趣幽默是语言表达中的润滑剂。教师应该具备一定的幽默与机智，这样才能有效地调节学生的情绪状态。如果教师缺少幽默和机智，那么往往会影响师生之间的顺畅交流，甚至产生无谓的矛盾。从教学实践中可以知道，相比于其他缺乏教育机智的老师，富有趣味性和幽默感的教师对课堂教学的有效管理会更加灵活多变，可以更加得心应手地去解决教学过程中发生的问题，因为他所处理矛盾的心态是积极、乐观的，这样也有助于形成良好的课堂教学气氛。

五、美感

教学中的语言应该是追求美感的，因为它会在很大程度上增加教学的感染力。当学生置身于这样的情境之中时，既能学得轻松有趣，也能够陶冶心灵，甚至对他们的人生也会产生很大的影响。而且具有美感的话语还能够培养出学生积极健康的思想，唤起学生对于美的感受与追求。所以，教师要追求更好、更富有美感的教学语言。

第二章

课堂组织技巧

第一节　引导学生

一、教师引导学生注意力的方法

1. 高音教学吸引注意

有一些学生较为适应老师的高音教学，这种高音教学既强劲有力，同时又具有一定的刺激效果。当然，也有很多的教师是运用柔和的声音，逐渐吸引注意力，从而使知识如涓涓清泉，缓缓注入学生的心田，这样也能收到不错的教学效果。

2. 讲到主要内容时加重语气

这一教学技术可以有效地吸引学生的注意力，当有学生在课堂上窃窃私语时，用这样的方法会收效显著。

3. 通过声音变化的方法促使学生保持注意力

讲到关键性的语句时可以改变音量，提醒学生注意。也可以通过句式的变化，如运用感叹句使重点更加突出，引起学生注意。

4. 通过暂时的停顿来引起学生们的注意

短暂的沉默是很有用的，因为"此时无声胜有声"，实际上是提醒学生关注课堂的内容，启动他们的思维。例如，在我们在讲完第一节课的知识点之后，可以暂时停一下，提醒学生注意，然后再把重点重复一遍，以此来加深印象。或者在提出了一个问题后，有意识地沉默片刻，给学生留出思考的时间。

5. 教师可以运用幽默的语言吸引学生注意力

教师在课堂教学中应注意语言的风趣幽默，也可引入贴合教学内容的笑话，使教学语言更加生动，以便吸引学生的注意力。

二、课堂教学中的四个控制

为了更好地实现教学目标，老师需要更好地吸引学生的注意力、避免学生走神，使课堂教学始终保持在正确的教学方向上，努力实现课堂教学目标。要注意以下四个方面的控制：

1. 自我控制

课堂教学需要老师掌握科学的语言，举例要生动，表述要精确，作图要清晰，不能天马行空、不着边际地去讲解。同时，教师在进行课堂教学的过程中，要用自身的敏锐感觉去捕捉学生反馈的信息，为调整授课速度和方式提供参考。

2. 纪律控制

良好的课堂纪律能够保证教师和学生进行教育信息输出、接收和反馈的高效率。而良好的班级纪律要由师生共同努力，并且在整个课堂教学的过程中，师生之间的信息沟通顺畅，能够促使课堂秩序保持稳定，进而保证教学过程的完整性和可靠性。

3. 信息反馈控制

教师一定要引导学生在课堂上准确反馈信息，要体现出准确性，做到简单明了。同时，教师要特别注意课堂反馈的有效性，对多种反馈信息要及时进行再反馈，这样才能强化和提高学生的正确认识。

4.练习控制

首先，练习的范围不宜偏离授课的主要内容，可以适当引申一些本单元其他课的内容。其次，练习的难度和复杂性要充分考虑学生的知识储备，太过困难和太过简单都不能引起学生的兴趣。最后，要注意练习时间和速度的控制，可以预先规定好时间，让学生在规定的时间内完成适当的练习，这对于学生将来的能力发展和时间控制都是很有意义的。

第二节 调控心理

教师良好的心理状态和情绪，可以使教学效果得到提升。那么，教师应如何进行良好的心理状态调控，从而使得课堂教学更高效呢？

1. 重视教师的心理素质对教学效果的影响

当教师心理处于最佳状态时，情绪高昂，就可以自然地吸引并感染学生。学生精神亢奋、学习兴趣高涨，有助于更快地进入最佳学习状态，精神集中、思考积极，并能举一反三，从而收到良好教学效果。成功的体验感强烈，也就逐步形成良好心理素质。

2. 课前"静一会儿"

教师在上课前要调整好自己的心态、酝酿好讲课的情绪，可以默想自己这堂课的教学重点、步骤等，这样做有助于教师更快地进入良好的课堂教学状态。而没有这个习惯的老师，在临上课前才拿起自己的教案，匆匆前去上课，这样匆忙上阵往往会使得自己的情绪很难迅速地安定下来，忘记了上一堂课的结尾，也就找不到这堂课的开头。这样松散而疲惫的状态，一定不会上出好课。我们必须高度重视课前"静一会儿"的过程，把它作为一堂好课的有机构成部分。

3. 树立上好课的信心

课前认真扎实的准备，可以给课堂上的自信打下坚实的基础。对于备课，不能仅限于从把握教材、写教案这些狭义的方面来进行理解，而要从多方向进行探索，包括对知识的深入积累、关联知识点的解读，对语言表达能力的提高等广义的方面入手。一位教师能在课堂上滔滔不绝、挥洒自如，与平时的充分积累、反复探求是分不开的。只有在这些环节上努力下功夫，才能够充满信心地登上讲台，展示自我风采。

4. 提高自制性、锻炼意志力

教师本身应该具有文雅的气质、渊博的知识再加上高超的授课艺术，这才是征服每一位学生的最好手段。教师本来就具有心理优势，可以运用各种灵活的方法来化解不利因素，巧妙地驾驭课堂，创造出学生理想中的课堂。一位具有一定修养的教师应该"不以物喜，不以己悲"，能够做到开朗达观、积极向上，同时精力充沛，以饱满的热情、积极奉献的精神，投入到自己所热爱的教育工作中。

第三节 技巧四法

对于课堂教学技巧，一般要注意以下四个方面：

一、注意统筹，整体安排

纵、横两个方面的多种元素及其要件构成了完整的课堂教学，所以我们在设计、安排教学时，就要考虑其各种组成要素以及各个方面，使之有机结合起来。我们要注重统筹，从整体性思维入手，对各个组成部分进行合理安排，优化和组合课堂教学的各个环节，使课始、课中、课尾都得到巧妙安排，这样就能收到事半功倍之效果。

全国优秀教师汪兆龙老师的课堂教学，有一个鲜明的特点就是精雕细刻，既从大处着眼，又从细处把文章做足。

每节课的开头，他会根据不同的课文和学生学习的不同情况，或利用已学过的内容，或引几句诗文，或讲一则新闻，或说一个故事，或让学生参与，由此来设计开头，导入新课。这样的开头新颖、别致，激发了学生的学习兴趣，鼓励了他们的主动学习精神。

课的中间，汪兆龙老师总是根据课文内容不时设疑、激疑，力争投出能够激起学生思维浪花的"小石子儿"，使学生时常处于兴奋的状态，从而能够更加主动地学习。这样的问题导向引起了学生的热烈讨论，收到了很好的教学效果。

课的结尾，汪兆龙通常不急于打上句号，而设法让学生下课后有点想头。

虽然课型是千变万化的，但汪兆龙老师努力追求着课堂教学三个境界：开头引人入胜，中间波澜起伏，结尾余音绕梁。这也应该成为我们每个教师在组织各种类型的课堂教学时，共同探索和追求的境界吧！

二、理清脉络，体现层次

课堂教学安排，除整体性以外，也要注意层次性。层次性就是明白一堂课先讲什么，后讲什么，以及中间如何活动，这些在课前都要想好，作出周密的安排，使之环环相扣。我们不提倡把一种形式用到底，但是也要杜绝杂乱无章。在这方面，已经有很多教师总结出了宝贵的经验。例如，有些教师把教学授课的过程分成四个主要的阶段：①新课引入（3～5分钟），主要是为学生设置一些与新课有关的基础训练题，引起学生的兴趣；②新课的学习（10～15分钟），主要是教授新课，要特别注意突出的重点、难点，让学生聚集精力去研究和解决这些关键的问题；③阶梯性练习（15分钟），围绕新授课程，分层次设计各种练习，以便巩固新知，逐渐形成技能；④课堂练习（5分钟），让学生独立完成一些基本练习。这样教学安排的层次性就非常分明，有很多教师也采用了这种好的课堂教学组织形式。

三、灵活多样，动静结合

怎样让课堂教学灵活多样，具有动态性呢？这就要求我们在设计教学时，一定注意教学方式的动静结合。所谓"动"，就是指我们的教师在进行课堂教学时，一定要特别注意运用启发式的教学方法，使学生的口、手、脑都动起来，鼓励每名学生抓住"自我表现"的机会，打开思路、踊跃发言。所谓"静"，是指在教学过程中，出于某种需要而有意创设短时间的宁静氛围。这里要注意：静是氛围，但目的最终还是动，这里的静是为了让学生冷静地思考问题。好的课堂教学过程，就是一种动静结合的过程。有些教师通过教学研究，总结其特点，找到了动静结合组织教学的模式，其程序一般是：出示基本练习题（动）—自学教材（静）—学生小组讨论（动）—教学内容讲解（动）—课堂练习巩固（静）。这样每节课有 2 ~ 3 次的动静结合，效果是很好的。

四、注重艺术，讲究品味

课堂教学所要追求的最高境界是它的艺术性，而要注重艺术性就必须要讲究课堂教学的审美品味。对此，李燕杰教授认为，教育工作者应当借助自己的灵魂与智慧学识，通过施教来帮助受教育者创造艺术形象，借助语言、音响、色彩、造型等各种艺术手段塑造美的形象，促进受教育者的学习积极性，使之产生愉悦感。在这种熏陶和感染中，使学生更好地认识人生，从而精神更加丰富，道德更加高尚，审美意识更加强烈。总之，在课堂教学过程中，要讲究品味，努力构建一个教育艺术的审美情境。

第三章

课堂管理方法

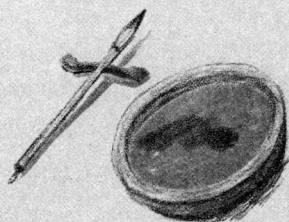

第一节 课堂把握

一、明确课堂要求

1.明确行为要求

教师在教学之前对学生要有一个明确的、具体的要求，让学生明白课堂上哪些行为是不正确的。这些不正确行为体现在学习阶段的方方面面：如教室里的活动组织，发言举手，作业速度；课外的活动参与；课间休息、玩耍；课后的日常活动、书桌整理等各个方面。

2.形成规则

要求明确之后，就要用规则来约束行为。规则一般都从积极的方面来叙写，如"尊重他人"或"按时、高质量完成作业"等。也有一些规则是对某种行为的禁止，如"不准推挤、禁止打架"等。

课堂规则的制定要注意与教师教学计划相协调。比如教师鼓励学生做作业时互相帮助，那么不经允许不准说话的规则就和这个教学计划冲突了。

经验丰富的教师都会抓住学年的每个起始阶段，来确立有效的课堂管理规则。例如开学初，新的学年，新的教材，新的课堂，新的老师，新的同学，这些新的时间节点能够促使学生对自己的行为类型产生积极的预期。比如开学后的第一周，学生的学习兴趣就非常高，违纪行为很少，思维活跃，小组合作的水平也很高。教师要把握住这个契机，确立正确的行为模式，如果错过了这个宝贵时期，要想树立正确的行为代之便非常困难。所以，在各种"新时期"到来之际，都是管理者形成并强调各种程序和规则的好时候。

二、提高课堂控制力

教师对课堂的控制需要多种因素共同起作用。而目前多数教师关于课堂管理大多是习惯性做法，以及对其他教师的模仿，这属于一种经验行为。如果我们从技术的观点出发，仔细分析相关因素，可以有效地提高教师对课堂的控制力。

1. 强制性因素

强制性因素包括让学生形成规范感的一些规章制度，以及使学生产生敬畏感的奖惩制度，使学生倍感压力的考查手段等。这一部分因素能够产生强制性作用，从根本上讲靠的是教师这个职业的固有影响力，靠的是这些强制性因素的一种威慑力，这对那些纪律性不强和学习自律性较差的学生来说尤为重要。但这种因素的使用需要注意一个"度"，因为如果强制超出一定范围那么极有可能产生反弹，这样会使学生产生"破罐子破摔"等强烈逆反心理。这种因素实施亦需注意"面"，如果针对的学生过多，就容易导致教师与班集体对立情绪产生，久而久之自然就会变成一种对立的关系。

2. 亲和性因素

亲和性源于教师个人的学识修养所生成的一种影响力，是教师本身的自有属性，当然也属于课堂控制中的根本因素。它包含的内容有能使学生萌生依附感的教师威信，有激发学生敬爱感的教师人格魅力，有能使学生流出敬佩感的教师独特才能，还包括能让学生自然而然产生亲近感的教师天然的亲和力等。亲和性因素靠的是教师自身产生的"磁性引力"，在这个"磁性引力"的作用下，学生会自觉自愿地跟着教师去做，并沿老师指引的方向去努力奔跑，这本身就极大地体现了教育的意义。当然，在一定条件下，把亲和性因素和强制性因素配合实施，可以收获更大的教育效益。

3. 操作性因素

操作性因素与教学实践的关系密切，但是从教时间的长短并不能起决定作用。这个因素包括那些能对学生课堂活动做出及时与准确判断的经验，能灵活调控教学的机智，还有具备保证课堂教学质量的技术性能等内容。而我们要成为教学中的"有心人"，就要努力提高操作水平。因为如果自身的操作水平能快速提高，并且能根据教学内容及课堂状况灵活、适时地改变教法，能够精心处理教材，就能从容地解决课堂一般事件及偶发事件，更好地完成教学任务。

三、课堂管理的方法

1. 预防性管理

其主要目的就是阻止不良行为的发生。一堂引人入胜的好课程，在其教学过程中，可避免产生厌烦无聊情绪，避免不良行为的发生。而如果有好的课堂管理，同样也能达到此目的。其实，很多教师课堂管理的失败在课前就已经注定，并不是课堂现场操作不当导致。应该说教师的备课效果好坏直接影响着课堂管理的成败。

预防性管理也称"先作用教学法"，就是在课前通过联系教学内容和授课形式，结合每名学生的具体情况，确定教学目标，找到合适的教学策略，然后模拟课堂教学，从而解决可预见的问题。其实我们平时所说的备课就是要备教材、备学生、备方法，以及对知识的加工、处理、分类、条理等，这些都属于预防性管理的一部分。

有了预防性管理，教师课前就有了充分的准备，就可以摆脱消极的防范；有了预防性管理，教师便有了计划性，就能周密地安排教学，也就减少了随机性；有了预防性管理，教师便会生成预防的思想，就不依赖临时补救。教师在课前进行的策划、布置等各种活动，已经被大量地应用到了课堂行为中，研究者也赋予了它行为名称，称之为"前摄行为"。

2. 纠正性管理

其行为包括禁止、纠正和疏导不良行为。目的是把违规的学生拉回到固有的秩序内，应该说大部分教师比较注意这一项管理。可是在实施中，一定要审慎，注意把握度，不可搞成高压课堂，使学生时刻都处于紧张、胆怯之中，导致课堂上教师如临大敌，而学生战战兢兢。

3. 支持性管理

就是通过温和而有效的方式，使学生自律，消除紧张或苦恼情绪。通过这种管理构成的课堂，氛围和谐，可以大大推动学生的成就动机与进取心，对其学业成绩有直接影响。

四、准确估价学生

通常教师在课堂管理上，大多集中在对学生不良行为的管制上，而忽视一种积极向上的气氛养成，这其实取决于教师对学生的估价。

1. 对学生正面估价

教师对学生的基本面应有一个积极的正面的估价，其基本认识有以下几点：

（1）课堂上，每一位学生都是有学习欲望的，即使是那些看起来对学习不上心的学生，他们同样具有相当程度的学习愿望。

（2）班级中的大多数学生在学习上希望得到他人的帮助。这就要求教师教学中要注意去实施一些具体的有针对性的个性化教育，这样才能满足不同类型学生的愿望。

（3）学生内心都渴望获得公平对待。多数学生认为在课堂上，教师的不公平大部分体现于那些学习成绩比较差的学生身上，他们基本上处于被忽视的状态，很少被关注，基本上不会被提问，即便有提问，留给他们的时间也很少，对他们的回答也很少给予表扬。为实现学生内心所期望的公平，教师在课堂决策中一定要遵循补偿原则，要大力表扬后进学生，对那些害羞的、反应稍迟钝的、比较安静的学生作一些特殊保护的行为；还要遵循宽容原则，即在一定情况之下，可适当淡化、忽略一些特殊学生的一些反常行为。这样就能全面调动学生接受管理的积极因素。

2. 对学生负面估价

与正面相对的就是反面，有部分教师看到的恰恰是学生的负面。他们会一直盯着心目中的差生，关注他们的懒惰散漫，并且还会采取相应的强制措施，随意去处理学生问题，甚至殃及全班。有些教师为追求一种涟漪效应，即在纠正个别学生错误的同时，还要扩大影响，波及临近学生。还有些教师采用所谓"杀鸡给猴看"的方式，试图警告其他学生。事实上这种涟漪效应不一定有正面效果，在中学，学生判断力已有很大提高，他们往往对事情会有自己的看法，有的时候这种警告行为可能会引起学生反感。除非这位教师威望特别高，极受学生喜欢，这种涟漪效应才可能产生一定的教育警告作用。

五、课堂纪律

课堂纪律问题是由多方面的因素造成的，如学生的不同性别、性格、处境、座位等都可能成为构成课堂纪律问题的特殊因素。教师不能仅仅盯着学习态度和纪律观念等情况做一般性处理，还应具体问题具体分析，要结合环境、个性等因素做进一步分析。同时教师自身也需要做一些自查分析。

1. 学生性别特征的影响

男生的精力旺盛，平时活动量大，好奇心强，喜欢探索，所以"闯祸"的概率会远超女生。而且男生的自我调节和控制能力相对较差，这导致他们的注意力不能够充分集中，在课堂上出现问题行为的概率也比女生大得多，所以很多男生会成为教师在课堂上的重点看管对象。

2. 潜在课程的影响

潜在课程，就是指非预期以及非认知的教学活动。有些老师在开展认知教学活动时，以严谨认真的态度，恳切中肯的言辞，一心为了学生而着想，那一定会受到学生的敬佩和仰慕。同时，老师的耐心、责任心以及严谨务实的工作态度，同样可以产生巨大的管理效应。但是，如果一个教师上课不认真、不负责，时常发生迟到早退现象，对学生的表扬和批评有失公允，作业批改不精心，教学敷衍塞责，那么就会使学生的认知和学习效果受到严重影响，产生不利后果。像这样风评不高的教师，基本上都存在不同程度的潜在课程不良影响。

3. 关注度的影响

在课堂学习中，学生们都会有一种共同心理，就是希望自己能够获得老师更多的热情关注，而不是只有冷眼监视。老师的热情关注是因为发现了学生的闪光点，其中包含了对学生的理解、重视、关爱和激励。无声的注意有时候要比有声的表扬更加直接触及学生的内心情感。如果老师长期忽视一名学生，对他不理不睬，在学生看来就是否定他的优点，甚而无视他的存在，这对于那些个性活泼而敏感的学生来说就更难以接受了。有些学生就会通过调皮捣乱的方式来吸引别人的注意，让自己成为课堂上被关注的中心。

第二节　问题处理

课堂教学能否顺利进行的主动权在教师的手中，同样也取决于教师对自身和学生学习障碍的排除。

一、课堂活动的推进

经过研究发现，课堂教学活动的推进速度要适中，太快会导致学生难以吸收，感到吃力；太慢则会导致学生"吃不饱"，感到乏味。所以只有以适中的速度推进，出现的问题才会减少。而导致推进速度失调的主要原因之一是教师课堂把控"失当"。

1. 行为反应失当

指的就是教师对学生的一些问题行为小题大做，表现出了过激的反应，即"行为过敏"。教师如果反应过敏，那么就会对班内发生的细微问题，如咳嗽、细语等都有强烈的反应，会兴师动众加以批评，导致学习被打断，教室一片混乱。这样教师又不得不浪费大量的精力和时间去处理这些事情，这就是教师行为反应失当而一手造成的结果。

2. 课时分配失当

指的是教师对于课堂教学内容中的重点部分没有给出足够的时间去讲解，而在细枝末节上花费了太多的时间和精力，这无异于喧宾夺主，会使得学生在学习上捡了芝麻丢了西瓜。所以，课堂时间一定要适当分配，否则教学效果就会大打折扣。这样也会影响教学推进，阻碍教学进程的正常行进。

3. 期望要求失当

也就是教师在教学的过程中提出了过高过多的要求，导致很多学生无法落实，以至于产生自我怀疑，甚至造成对学习失去信心的不良后果，继而出现更多的问题行为。

二、课堂中的警觉

1. 集中注意力

教师想减少学生的问题行为，其实集中学生听课的注意力是其一项有效的办法。教师可以通过设疑、抽查、集体回应等方法集中学生的注意力。

2. 细心观察

教师一定要细心地观察学生课堂表现。在授课时，教师与学生要保持良好且持续的眼神交换，细致观察全班同学的活动，以便随时发现学生的需求，提供恰当的帮助。

3. 处理不良行为

面对不良行为，教师需要视情况采取相应行动，从而改变那些不可接受的行为，或者去阻止其影响的扩大，同时老师也要提供必要的帮助。如不良行为发生在课堂作业时，对教学影响不大，那么对学生个人做出反应提倡私下进行，这样会相对温和些。如果对课堂教学影响较大，老师为制止学生的问题行为，可以及时做出公开反应。教师做出反应的方式与时间应充分考虑学生不正确行为的性质以及对课堂教学造成影响的程度。其中也有许多不正确的行为是由于学生未掌握课堂程序而导致的，这个时候，老师可以善意提醒学生注意，恢复正确的程序即可。如果教师频繁地中断教学，会导致学生的学习过程碎片化，使他们很难安心听课，并且还可能导致学生产生抵触心理。

4. 作业监督

课堂作业设计的多样性和难易度对学生专心致志学习具有积极作用。教师一定要详细告知作业的要求，强调作业完成的最后期限。如果作业比较复杂，可适当用书面要求以弥补口头说明之不足。布置作业之后，教师就要开始监督，要从布置完毕到开始动手这一过渡时间开始监督，行为包括对问题答疑、督促动手等，让本次的作业任务有一个良好的开端。学生开始作业之后，教师更要进行细致的监督，及时发现问题。在此过程中要寻找共性问题，避免在一个学生身上花费过多时间。

三、教师制止学生不端行为的技巧

1. 教师的有效行为

（1）内视。要求老师具有敏锐的洞察力，如同脑后长着眼睛一样，这样可以及时发现学生的不良行为和习惯，从而与不同起点的各类学生保持沟通联系，并加以耐心教育引导。

（2）兼顾。就是一心多用，在同一时间里做不同的事情，如课堂上发现学生行为失当后，可以一边制止、处理学生的不良行为，一边布置学生看书做作业，促使其他学生保持秩序。

（3）沉稳。教师要沉稳，对学生要有耐心，做事情不能半途而废，朝令夕改，不能一项活动刚开始就马上停下来，去做另一项活动。

（4）简约。就是避免花费太多的时间去重复一个问题，不能把简单问题复杂化，这样可以有效避免引起学生的厌倦心理。

（5）激情。教师一定要保持旺盛的工作精力，避免懒散作风。

（6）熟悉。要求教师熟悉每一位学生，准确地记住每一位学生的名字，在管理过程中要注意加强与学生的情绪联系。

（7）信心。对自己所准备的课程相关材料以及教学工作要有自信感。

（8）鼓励。要以正面引导和鼓励为主，让大多数学生对课堂教学活动都能够保持较高的积极性和参与程度，始终处于最好的学习状态。

2．教师的不利行为

（1）不用心。有的任课教师只关注课堂教学，不重视课堂纪律，或者简单粗暴地把存在的问题反馈给班主任或学生家长，让他们去解决和纠正，把责任直接推到别人身上，让自己和麻烦隔离。其实这并不是什么好计策，因为教室是学生的主要活动地点，问题发生在这里，就应该及时在这里解决。

（2）没耐心。有的教师会处处设防，限制学生的活动，出现问题就严厉地进行训导，让学生觉得老师太过冷酷，气氛特别压抑，这样很容易引起学生的行为失常。教师没有耐心往往会导致下列不良后果：

①得出错误的结论。学生课堂出现不良行为的原因很多，如果不加以调查就直接下定论，很可能会有偏颇，容易使师生之间形成对立，教师不高兴，学生也不信服。

②相信谣传并混淆视听。对外界只言片语的传言深信不疑，甚至不问青红皂白就找到学生训斥一顿，这样容易使学生对教师产生对立心态。

③主观臆断，情绪失控。当教师被一些学生的过失行为激怒时，往往感觉自己的威严受到挑战，可能会给学生一些比以往更严苛的责备，把学生当成发泄愤怒情绪的出气筒。

（3）不放心。有的教师喜欢唠叨，认为只要多说几遍，学生总会把这些话听进去几句。其实这种做法不但在浪费时间，而且还会造成学生的厌烦情绪。现实中我们不难发现，有个奇怪的现象，就是教师唠叨得越多，学生的纪律反而会越差。

因此，教师要极力避免造成学生的课堂厌烦情绪。厌烦指一个人对自己或者他人所做的事感到不耐烦而讨厌。简单无趣的重复活动会降低学生对学习的兴趣及投入，从而导致漫不经心，增加错误发生的概率，甚至产生厌学情绪，逃避学习，频繁做小动作，寻找刺激。避免这些问题的措施有：多给学生鼓励教育，引导学生发现自己的进步；让课堂充满趣味性，不断引发学生的好奇心；等等。

四、问题行为的制止

问题行为被制止后，我们希望看到其他学生能够引以为戒，并产生以下积极效果：问题行为终止。有效地进行课堂管理让问题行为得到终止，并且尽量消除或降低问题行为带来的负面影响。要照顾其他大部分学生的利益，避免把主要精力浪费在处理问题学生上，从而引起班内学生反感的情况。要维系和谐的人际关系，避免学生出现情感上的伤害。对问题行为的处理本身就具备了极强的教育性，其效果应该体现在日后的课堂教学上。

所以，教师平时需要多做一些建设性的课堂管理，这样便可以从容有效地处理学生的问题行为，避免产生不良影响。当然，如果想要更加高效地完成课堂教学任务，在具体操作上还要把握以下两方面技巧：

1. 情绪控制

多进行诊断性的学业测验，少做终结性的评价，这样做可以适当消除学生的焦虑情绪。要注意消除各种负面因素对学生引诱，特别是外在引诱，以减少学生精力的分散。多使用有效的惯例来处理问题，这样有理有据，处理和顺，便于学生接受。处理学生问题不要小题大做，在必要的时候我们还可以以退为止，比如在学生情绪快要失控时，应善于利用言笑，消除学生的紧张情绪。

2. 疏导控制

有些问题行为的性质不是太严重，或者出问题的学生在平时的表现还不错，我们可以采取暂不理会的态度，因为太过关注会破坏教学气氛，反而效果很不好，可以适当用视觉提示，而减少语言提醒。教师还要善于感化，使事情处理之后学生有所感悟，并能吸取教训自我完善。

除此之外，一些处理问题的工作细节也需要注意。例如，要注意防止学生产生消极情绪而否定纪律约束。如果出现了遵纪受嘲讽、违纪受赞扬，甚至破坏纪律没关系这样的否定纪律约束的现象，那么班级里的不良风气就得到了强化，学生的是非观就会产生偏颇。同时还要注意，不能让学生养成仅仅表面遵守纪律的习惯，如果遵守纪律只是要求纪律不良的学生安静下来，而放任他们出现思想开小差、在下面不停搞小动作、考试作弊等现象，那也是对学生的不负责。教师一定要时刻注意态度，因为自己的一言一行往往都会对学生产生影响。

五、学习动机的激发

1. 学生个人因素

激发学生学习动机的个人因素可以分为以下三种：

（1）学生本人对从整体上提高自己的学识才能有着非常强烈的愿望，并以此作为一个持久的变量不断得到加强。

（2）学生本人对一些自己感兴趣的特定学科很重视，并且能长期坚持不懈地学习，最终学业成功。

（3）社会动机激发。所谓社会动机就是指学生有谋求与榜样一致的意愿，希望自己通过努力学习所获得的成绩能得到他人的赞同，自己能在教

○ 高效课堂的多维设计：课堂掌控细节面面观 ●

师和同学心中占据一定地位。

2.外部刺激因素

激发学生学习动机的外部刺激因素也有三种：

（1）作业难易度以及鼓励的程度。学生的外部刺激因素主要依赖于情境并可以受教师控制。能起到鼓励作用的作业，难易度要适中，这样才能起到激发学生学习的内在动机。想要使作业具有激发动机的最大价值，就要控制其难易度，使得大部分学生经过努力，可以独立完成，并能够充分享受成功后的喜悦。

教师还要适当采取差异化的教学，否则可能出现两端都不满意的情况，也就是学习成绩好的学生感到"吃不饱"，而成绩差的学生感到要求过高而"吃不了"的现象。

（2）抓住教材的新内容使其对学生学习产生鼓励和刺激作用，新内容激发学生学习动机的基本标志表现为学生的内心冲突，具体表现为学生对新内容的新鲜感与好奇心，从而激发学生学习的兴趣。

（3）抓住课堂的开端，激发学生的学习动机同样有十分重要的意义。每节课都可以看作一个新的教学情境，利用这个全新的教学情境，通过向学生提供典型问题来引出思想碰撞的火花，从而根据课程内容不断激发学生的学习动机。

六、对突发事件的处理

当学生在课堂上出现突发性的问题行为时，教师可以进行分析与思考的时间不多。并且因为事情是在教学过程中突然发生的，教师又不可回避。这个时候就要发挥老师的临场反应能力了，要尽快给出富有说服性的解决方法。能力强的老师能够很快地进入课堂管理的情境，会在学生的问题行为刚显露出来时立即制止，把问题消灭在萌芽状态。

面对学生的问题行为，教师应该采取什么反应，必须要综合考虑以下八个重点，以做到及时应对，不至于束手无策。

（1）性质。明白问题行为的性质以及扰乱课堂教学活动的程度如何。

（2）时间。这种行为出现时间，预计会持续多久。

（3）规律。这种行为有没有形成规律，间隔时间多长。

（4）原因。特定环境中，行为发生原因是否明显，行为是否有情可原。

（5）关联。问题行为的发生是孤立的还是和其他的行为有关联。

（6）普遍性。在同样的条件下，问题行为是否同样发生。

（7）标准。问题行为是不是违背了学生在这个年级阶段所要遵循的标准。

（8）影响。这种行为是否影响了他人，是如何影响的。

我们应该明白，如果不是万不得已，教师一定要尽量避免为了处理个别学生的问题而中断整个课堂教学。可是，现实中为了及时处理一些突发性事件，教师在中断课堂后并对学生进行训斥的情况时有发生，在此笔者想提醒教师要特别注意以下几个方面：

（1）斥责不应使用粗鲁和带有威胁性的语言。

（2）中断教学时，先明确地指出要斥责的具体人和事，还要特别强调给出教师期望的积极行为。

（3）斥责一定要把握中心，不要造成殃及池鱼的局面。

（4）要避免苛刻的斥责。

（5）教师要针对学生行为进行一些简单的暗示。可以用"记住了吗"这样强调性的话语重点提示那名学生，使其明白什么行为会受到斥责，什么行为会受到表扬。

七、管理中的灵活性

在日常教学管理中，教学目的的迅速变化、学习活动的适当调整或课堂活动的重新安排等，这些情况的出现都对教师的教学灵活性提出了一定的要求。在教授个别学生时，如果教师的反应敏锐，他就能及时接收到这名学生表现出的一些暗示，并且据此调整教学计划时，教学模式也会随之发生变化。除此之外，也有很多无法预料的课堂变化，需要教师灵活应变。例如，教师接收到某学生传达的暗示信息，据此改变了教学方法；或者当教师通过观察发现班级内学生对某一项教学活动的整体兴致较低时，便及时作出决策，提前调整这一项活动。在实际教学中，意料之外的变化发生的频率是很高的，如何处理这一变化就显示出老师教学风格的灵活性和多样性。

灵活性也能体现出教师的课堂教学个性。教学灵活性本身就有着显著的性格特点，大多数教师都能表现出一定程度的灵活性。而课堂管理的灵活性就是指在课堂教学中具有更多种类、更大变化、更强管理的形式，其实是多种教学方式的一种选择行为。

灵活性的另一方面也表现在教师对学生的适应上。教学的行为和活动应该及时根据学生的能力水平进行调整，要根据不同学生的认知水平进行相应的变化。而且教师在课堂管理过程中的灵活性，同样也要求他具有比较强的控制能力，这样才能灵活有效。教师要特别注意以下有关事项：

（1）明智地选择教学方式。

（2）全程把控自己的教学行为。

（3）有效控制教学分析程序。

（4）灵活控制课堂上人与人的复杂关系。

（5）准确控制评估程序，为修改教学行为提供参考。

现实中有这样一些学生，他们知道纪律和规则的刚性要求，但时常会出现一种针对性很强的逆反心理，从而产生一种故意对抗的想法："既然所有人都不喜欢我，那么我也不能让你们清闲，要惹点麻烦找点事给你们干。"因此，教师要想从根本上解决问题，就应该从培养学生对集体的归属感做起，让学生感受集体温暖，让他渐渐接受纪律和规则。否则，学生可能就会借机捣乱，或因受到打压而反弹。为培养学生的自尊心，我们要用心去营造一个良好的课堂氛围。从本质上讲自尊本身就是自律的有机组成部分。

新时期，课堂管理的灵活性已是组织管理学生的一个必不可少的条件。学生进入中学，身体多个方面已经基本稳定下来，身心变化起伏不大，他们也会着手规划未来。此时的课堂管理可以说已经开始了"成人对成人关系"的取向模式。这一阶段的常规管理过程已经建立在清晰、合理的规范之上，而且学生也比较成熟，开始得到和成人基本相同的尊重和期待。

在日常教学管理中，课堂中常规性的不良行为时有发生，其背后也有其他的一些社会因素影响所致。如，现在的社会已经不和以前一样那么崇尚权威了，以至于教师的权威性也在下降；家长对子女更加宠爱，导致家庭对学生的约束力减退，家长配合教师搞好教学的支持力量也在减少；同时一部分教育工作者存在一些过时而僵化的理念，也严重制约了教师的课堂管理效能的发挥。

八、教师的课堂果断

果断的教师一定会坚定而清楚地向学生表达其需要及要求，指明所贯彻要求的具体行动，同时也不会伤害学生的学习兴趣。教师的这个态度必须是积极、坚定而统一的，同时又不可带有敌意，要明白：果断不是大声咒骂或威吓。

1.果断行为需要排除的障碍

最突出的障碍是教师对学生所抱有的"消极的期望"，即管理不到位甚至放任学生，从内心允许学生表现不好，承认"不好"已经成了一种常态。教师的果断管理，就是用自己明确的态度去影响所有学生的行为，并且主动接受并贯彻下列观点。

（1）对所有的学生要有高度期望并坚持到底的决心，明白教师是学生成长的引路人，教师有规范学生行为的责任。

（2）为保证管理的顺利推进，免受各种干扰，教师有权要求并能及时得到其他方面的协助。

（3）特殊学生特殊对待。可以制订特殊计划或行为矫正计划，并努力使这些特殊学生达到教师所期望的标准。对特殊学生的管理是教师在果断管理上最棘手的问题。对待特殊行为学生，教师的反应通常有以下三种类型：

①优柔寡断型。轻易对学生让步，内心不认同自己对学生的严格要求。缺乏一个明确的行为标准，也不存在适当的执行行动。这是被动型的教师，实际上不具备管理教育学生的能力，他们总是怀抱美好愿望，期望用自己的善良来换取学生的顺从。

②敌视型。这类教师处理学生的问题的方法不积极，只会用讥讽、威吓等方式。这种行为严重伤害了学生的自尊心和自信心，忽视了学生的权利和人格，长此以往就无法为学生提供所需要的温暖和安全感，会造成严重后果。

③果断型。这类教师能让学生清楚知道自己的期望，同时还能不断地坚持引导学生去达成这些期望。学生按照教师的引导行事，就会得到奖励；而如果他们有不当的行为方式发生时，教师就会马上发挥自己作用，指出其不良行为理应承担的责任后果。

2.明确的行为限制

明确的行为限制其实是对学生的积极要求。要让学生明白自己所希望看到的他们的表现，要明确告诉学生哪些行为才是正确的。让学生牢记这些行为规范，并以此来对照衡量自己的行为。

行为限制，大多是以班级的制度文化来体现约束力的，这种限制的讯息一般是通过口头发出的，其形式主要有：

（1）要求的行为。暗示、提醒学生规范行为；使用"我……"的句式，说明学生该怎么做，才会让教师满意；将暗示通过提问、回答的方式表明；直接要求、命令学生该如何做。

（2）要求的表示。这些表示经常用声音、眼神、手势、叫名字和身体接触的方法来进行。声音应该是坚定而不刺耳的，不能是辱骂或恐吓的；同样也不是嬉笑的、轻率的，应该是庄重的、严肃的；不是含糊其词的，而要有明确的指向。教师的眼神要能够让学生感受到自己的意图和信心，所以在规范和纠正学生行为时应直视学生。但此时也不要强迫学生与教师对视。教师往往用手势强调情感，但切勿产生攻击性手势，如指着学生鼻子说话，这会极大地产生人格伤害。教师应该叫出学生的名字，吸引学生的注意，让讯息更加明确。

（3）要求的重复。教师如果只说一遍要求，往往给学生的印象很浅，而多次的重复才能让学生印象深刻并逐渐接受，有人称之为"破唱片策略"。此策略就是讯息的再三重复，可以在学生拒绝倾听、拒绝为自己行为负责或者持续做出不适合反应时采用。但是也要注意使用的度，一般最多重复三次。

3. 结果追究

追究，就是指拒绝或顺从教育要求之后所采取的惩罚或奖励行为。要明白对其中任何一种行为的反应都是追究。教师的追究行为不应该是突袭性的，而是一个有准备的管理环节。可以事先与学生约定好，签订君子协定，可通过誓言，这样在追究的时候，不管愉快的还是不愉快的，学生对结果便于接受，并且不会感到意外。可预先建立统一的行动标准，并以此作为下一步采取追究行动的依据，这样得出的追究结果，学生就会认同。教师可以预先多选择几套适合的行为效果奖惩的方式，只有做到奖惩并重、恩威齐施，才能收效更佳。教师的追究行为还需要注意抓住当面批评这一环节，但是当面批评一定要做到有理、有力、有节，这样的追究结果才会有良好的效果。

4. 形成积极果断的制度

针对学生的问题行为，不能只是进行果断的处理，还要给学生适宜的正向反应机会。当学生改善了自己的行为，取得了进步，教师也要做出果断的反应，让教室气氛更积极、更活跃，减少问题行为的数量，增加教师的影响力。而当教师在课堂上的果断行为成了一种系列活动的时候，这项建设工作才可以称得上是最终完成了。

九、课堂中的集体管理

教师的主要工作是在课堂上授课，而教师在课堂上授课的首要任务就是集中和维持班集体的注意力，这就要求教师应树立"面向全体，不放弃每一个学生"的教育观，鼓励每名学生积极参加各类课堂教学活动，这样有助于学生勇敢担负起自己的责任。教师要注意课堂上所有学生，观察其学习反应，观察与检查作答学生，监督学生操作，还要注意没有作答学生，以避免其思想游离，同时也要高度警觉学生的个别反应，时常鼓励退步学生。

课堂上，教师只关注或提问少数优等生，或者简单按座次让学生依次回答问题，以及先点名再提问等做法都会分散学生注意力，是不可取的教学行为。

有人曾在常规课堂管理上主张学生对自己的行为负责，认为学生的行为动力在于自发，教师只需引导学生，帮助其做出正确的选择。所以，教师一定要努力去营造一个良好的学习氛围，形成优美的情境：人人亲和有礼，声音悦耳动听，沟通简洁有效，学习互帮互助。

而教师在营造良好学习氛围并培养学生自我负责精神时，其责任是：①人性化，多关心学生，努力和学生打成一片，走进学生内心。②着眼于现在行为，忘记过去的行为。③形成正确价值判断，让学生对自己的行为做出正确判断。④逐渐找到替代的行为方式，帮助学生改进不良的行为方式，并且留给学生改错的时间。⑤贯彻执行，不断检查，追究结果，随时注意并逐渐增强。⑥不接受借口，不允许学生为不达标找借口，要帮助学生随时规范他们的行为。⑦不处罚，惩罚只会逐渐抹杀学生责任感。让学生明白为自己负责的内核，学生必须自我矫正并且重新规范设计自己的行为。⑧不放弃，教师要表现出决心，投入比学生所希望的还要多的时间。想要看到显著的成果可能需要几个月的时间，不能轻易放弃。

第三节　节奏把握

课堂的节奏，指的是在教学的过程中，在时间上各种可比的成分不断地交替，以一定的顺序、有规律地反复出现的形式。这些可比成分包含了教学的密度、速率、难度、重点度、强度和激情度等。教学者通过这些成分的重复和有规则的交替来传递情感、表达态度、意识倾向和所要加以强调的内容，等等。

一、课堂节奏的成分

教学节奏的快慢、强弱的变化规律，一般就是指以下六种成分，它们之间有着"弱→强→弱"或"强→弱→强"这样的多次循环，或者有"弱→渐强→强"或"强→渐弱→弱"的层次变化，这些都可以使教学过程跌宕起伏，自然有致。当然穿插进行也是可以的。

1. 课堂的密度

也就是指在单位时间中所完成一定质的教学任务的程度。质指的就是有效信息，如果新的知识相对比较多，那么对应的密度就大。在解决有关课堂密度问题的时候，一些教师会采取"快速读写"、大量习题训练法等，这些方法都是为了让学生在一定时间内完成要求的学习量。如果课堂密度很大，老师为吸引学生注意力，需要不断变换教学方法，这样才可以保持大密度教学效益。

2.课堂的速度

也就是指在单位时间中所完成教学任务的数量，是反映教学量的概念，其中包括新知学习和旧知巩固。

3.课堂的难度

指教师在教学时的表达以及学生在学习时就知识理解、掌握运用等各个方面的接受度。它和内容、教学方法、学生理解能力等息息相关。

4.课堂的重点度

指课堂内主要的教学内容占比的程度。是比较后得到的相对概念。

5.课堂的强度

指师生在单位时间中，被一定难度和一定量的教学内容所引发的身心疲劳的程度。要想保持长时间的高强度课堂教学，对教与学双方要求都很高，否则会有教师传输信号减弱，以及学生接受信号衰减的现象发生。

6.课堂的激情度

指师生沉浸于教学美感、融于教学情境中而自然生出的情感共鸣以及情感振荡的程度。教学高潮的到来一般就会有高激情度的出现。

二、课堂节奏的特点

在一堂课的45分钟里，学生的脑力不可能始终保持在同一状态下，必然会有一定的起伏，其中既会有愉悦和振奋，也会产生疲劳、松懈。教师对于课堂节奏的把握就要求掌握学生这种交替出现的大脑变化规律，并注意其维持时间的长短。

学生脑力的最佳状态是一堂课的前15分钟以及第25～40分钟这两个

15 分钟，教师需要把握这两个时间段去传授重点知识，解决课堂内容的重难点问题，让学生形成重要知识技能。而一堂课的第 15 ～ 25 分钟通常是学生的疲劳时段，而此时学生情绪却相对稳定，可以用来处理一般性的问题或者合理安排学生自学。有的时候，根据课堂教学内容的需要，教师也可在学生的疲劳时段设计一个"小高潮"，让学生的精神得到放松，进而顺利而快速地吸收教学内容。

三、课堂段落的管理

课堂段落，是指教师在课堂教学推进过程中的活动阶段。它与课堂教学的环节并非完全相同，环节主要是对课堂所传授内容的内在联系的描述，而段落则是对课堂教学过程中各种组织步骤的划分。课堂段落的管理一般有以下三个层次：

1. 候课

候课指的就是教师在课前几分钟到达教室门口或者进入教室内，等候上课铃声的响起。这是教师在登台前进行的入场准备活动，能够帮助教师在开始讲授之前准确把握自己的情绪，及时进入角色。对于学生来说，这也起到了比较好的组织和引导作用。作为学生的表率，教师候课也是守时、敬业、爱学生的表现。也正是因为教师珍惜课堂时间，才能引发学生对这节课的重视。同时，教师的提早出现也有助于学生稳定情绪，还可以和学生们进行交流，帮助个别学生解决问题，与学生之间形成情感的交流互动，更容易被学生所接受，也容易使课堂增加一种融洽的气氛。

国外的许多课堂教学研究者都十分重视对教师的"提前到堂"这一问题的深入研究与表述。玛兰德在《教室里的雕塑家》里对"提前到堂"有这样的描述：上课铃声响起，在学生进教室之前，教师便出现在教室门口，亲切地看着学生鱼贯而入，就像将军在他的阵地上检阅士兵。这样不仅能确定教师在这个班级的"主角"地位，而且还有检查学生课前准备等多种实际作用。

当然，候课无形中延长了教师的工作时间，特别是在连续上两三节课时，会大大增加教师的体力消耗。可是有付出就会有所收获，教师的候课在一定程度上会对学生的学习效果发挥不小的作用。

2. 课堂导入

课堂导入的技术结构，分以下几项：

（1）引起注意。一节新课是从导入开始的，就是要想方设法把学生的注意力始终保持在老师的课堂教学行为上。能够体现出学生在课堂学习时注意力集中的行为有：目光凝视、侧耳倾听、紧张屏息、若有所思、热烈讨论等。

如果想吸引学生的注意力，就要尽量避免讲课时的刻板、平淡，可以充分运用肌体活动的强度、差别、变化来进行。其主要的方式包括：使用精美的贴合教学内容的图片、颜色艳丽的实物以及具有奇香异味的刺激性的物体，等等。另外，还有教师本身的教学技巧，如宁静的课堂中，教师先是用轻微的语音教学，当到了内容关键之处时，声音逐渐变大；教师讲课时候，用生动的语言、抑扬顿挫的音调再加上恰如其分的手势、表情管理和慢慢走动，这些都能吸引学生的注意力，可以更好地让学生接收导入信息。

课堂导入引起并保持注意力的途径有：加深对学习目标的理解。对学习目标理解得越清楚、越深刻，后继学习的主动性就会越强烈，完成学习任务的行动也就越迅速。运用设问导入对加强注意力有很大的好处，学生为了回答问题，就需要仔细思考，注意相关的事物。在导入过程中，还可以把脑力与动手动口能力相结合，在上课之始就让学生参与进来，这样做比让学生光坐在那里听教师一个人滔滔不绝更有助于集中注意力。有时还可直接让学生朗读，或者让学生观察等。

（2）激发动机。研究表明，人的兴趣爱好是构成人们日常学习动机中最真实、更活跃的一个组成部分。因此教师在教学过程中，一定要尽力地用心去创造一个引人入胜的教学情境，并说明严格要求，阐述学习这部分知识、掌握技能的意义。所以，当我们的学生真正认识到了学习的重要性和社会价值时，就会自然而然地产生一种学习的自觉性，极大地激发他们的学习热情，他们也就能够充分体验和展示学习的顽强和勇气。

（3）组织指引。教师要引导学生的思维方向，明确课程所研究的课题，让学生认识到学习这部分内容的性质和含义，调整自己的学习进度，找到适合自己的学习途径和方法。同时，教师要尽力突出课堂教学的重点，并且沿着教学重点一环扣一环地落实课堂教学内容。

（4）建立联系。教师在设计课堂导入时，需要建立以下联系：学生自身原有的知识与所需要学习的新知识之间的相关点和衔接处；学生自身原有的能力与即将学习的新技能之间的相关点和衔接处。要教学生以旧拓新，使其做到温故而知新。课堂导入时所需要采取的资料和内容都是围绕着课堂教学的核心问题进行选取，这也是为了完成教学任务而做的一项保障性工作。

3. 课堂的结尾

课堂结尾指的是教师在下课前的前几分钟总结课堂教学内容，让学生有所思考，有所收获。根据调查可以知道，课堂的结尾也是学生不遵守课堂纪律的高发阶段。因为经过一节课的时间，师生的精力投入较大，教师的控制力已经减弱，很容易浪费课堂的最后有效时间。如果教师的课堂教学内容结束得较早，那么在这种情况下，教师大多不会再花精力去维持教室里的秩序。

在有限的课堂时间里，教师要充分利用最后几分钟来提高教学效果，这也是巩固课堂知识的良好机会。教师可以在这个时间段里提几个简明扼要的问题，要求学生进行梳理和归纳；也可以给学生们设计一些有趣的课堂练习，以持续保持学生的兴趣。这些都是教师在备课时就需要想到并提前设计好的内容。

当下课铃声响起，课堂教学虽结束了，但还是需要有秩序的课堂解散的过程，这时候学生首先要快速整理自己的课桌，在学生"起立"向老师表达感谢时，要适时提醒学生的立姿，还可以给学生提一些对课间活动有益的建议。

简明的、完美的结尾，能够达到以下几个目的：强调所学知识中的重难点；概括所学内容的基本知识框架，强调重要的内容、概念和规律；通过问答、练习、纠错、评价等方式检测学习效果，引导学生分析并且不断改进自己的思维过程以及方法；促使学生感悟所学知识的情感基调，做到情理统一，并能把认识经验转化为思想指导准则。如果教学目标是训练读、写等行为技能，结束部分可以设置自主训练，通过练习使技能更加熟练；还可以布置思考题，及时复习所学的知识，使学生得以巩固并熟练运用。

结尾的类型一般有以下五种：

（1）系统性的归纳。教师引导学生动起来，总结所教知识内容的一般规律、结构以及主题，以强化重难点，并且明确关键点。这样的结尾可采用图示或列表等，一定要注意做到提纲挈领。

（2）比较性的总结。将新知与旧知，或者把已经学过的与新学知识并列的、对立的、近似的、容易混淆的知识点都罗列出来，进行分析、比较，先找不同点，然后剖析知识本质特征，从而找出其内在联系或相同点，让学生对新知识的理解更准确、更深刻，新旧知识的记忆也可以更加巩固、清晰。

（3）集中性的小结。将学习中形成的同一类事物的属性和变化罗列出来，然后做整理，进而掌握某一类知识的全貌，概括一般规律。

（4）领悟内容主题。通过深层次的提问思考及精要论述，引导学生理解知识主题，从而将学习升华，达到陶冶个性和培养品德的目标。

（5）巩固性的练习。在课堂结尾的时候，恰当地设置一些实践活动，有利于学生强化和运用"双基"，也可以收到教学效果的及时反馈。

小结一般是一节课的结束，要简洁有力，要紧扣教学目的、知识重难点和知识结构，力求把零散孤立的知识"串联"和"并联"起来形成网络，从而将知识点融会贯通。而设置封闭型的结尾，一定要给出明确的结论；如果设置开放型的结尾，那就需要出一些题目供学生继续探索，激发学生发散思维。总而言之，课堂教育既要充分激发学生的想象力，也要注意循序，从易到难逐步推进。

四、重视变化和强化

变化是课堂教学过程中信息传递、师生相互沟通以及通过各种教学媒体、资料进行转换的手段和方式。通过变化可以加强对学生的刺激，从而把无意注意转化成有意注意，使教学更高效，使课堂充满生气，这也是形成教师教学风格的重要因素。其主要形式分为以下三种：

1. 教态变化

教态是指教师进行课堂教学时的姿态，包括讲课的声音、教学的手段和身体的动作。教态的变化可以具体体现教师对于课堂教学的热情以及感染力的转变提升。

（1）声音的变化。声音的变化不仅包括声调的提升，还包括音量、节奏及速度的变化等。这些变化可以快速吸引学生的注意力，显著增强课堂教学效果，而且这些变化可以使教师的讲解和叙述富有戏剧性，能够达到突出教学重点的目的。如果发现学生听讲不专心，老师可以利用声音的改变来进行暗示，让他们的注意力转移过来。语速的变化同样可以收到这样的效果。当学生发现教师加快或者放慢了语速时，就会有意识地把原来分散的注意力重新集中起来，投入到教师的教学过程中。如果是在对知识点的讲解和叙述中，教师加大音量、放慢语速，就是在提醒学生注意，会起到重点突出的作用。

（2）语言的停顿。教师在向学生讲解某一个重点或者概念之前，可以有一个短暂的停顿，这样会吸引到学生的关注。在讲解的过程中，如果看到某些学生的注意力不够集中，也可以插入停顿，使学生的注意力重新集中起来。停顿需要控制好时间，不能太长，一般3秒左右就可以引发学生的关注，如果时间太长会让人觉得气氛压抑，可能起到反作用，而且对课堂教学的流畅性也有很大破坏。有些教师会用重复某些词句的方式去填补停顿，其实也会影响学生的注意力，给人一种画蛇添足的感觉。只有恰当地掌握并运用停顿的时机，才能够有效地为学生进行思考或集中注意力留出缓冲的时间，收到良好的效果。

（3）目光和面部管理。教师的目光一般应该是扫视性的，但如果发现有学生破坏课堂纪律时就需要跟学生眼神交流，以表达暗示、警告和提醒，当抛出问题时，也可以用眼神对学生表达期待、鼓励、疑惑、询问等。教师如果能面带微笑，那么传递给学生的就是关心、爱护、理解和温暖。如果教师做好目光与面部感情管理，那么就一定会给学生留下足够深刻的印象，让学生沉浸在课堂学习中。

2. 相互作用变化

课堂教学的参与者就是教师和学生，两者在教学过程中必然会产生相互作用。在课堂上，教师是主导者，要能灵活变换与学生的相互作用方式。

（1）交流方式的变化。在课堂教学中，老师和学生的互动交流应该是灵活多变的，但也要注意灵活而有度，这样才能够深入了解学生的想法，发现他们在学习过程中遇到的问题，从而更加全面地获得有关教学信息的反馈。

（2）活动安排的变化。在课堂教学中，教师要根据其教学内容的需要来安排一定的教学活动，如学生的个别学习、小组讨论等。要鼓励学生参与教学，提升对学习的兴趣，从而培养学生养成独立思考的能力，增强人际交往的能力。

3．信息传输和教学辅助媒体的变化

关于这个方面的内容，我们将在教学媒体的运用一节中详细说明。

4．强化技术

强化技术就是教师在教学中所采取的一系列能够促进和增强学生反应及保持学习精力的手段和方式，它是保证学生学习效果的一个重要手段。教师需要强化的技术有以下几种：

（1）语言的强化。教师需要灵活地应用语言表达，也就是通过表扬、激励、批评、惩戒等比较明确的处理结果对教学加以强化。

（2）标志的强化。教师可以适时地利用一些醒目的符号、对比强烈的色彩、起强调作用的图表等来对教学加以强化。

（3）动作的强化。教师充分利用和学生之间的动作交流来强化教学，如用一些静止的或者比较大的动作去肯定或者否定学生在课堂上的表现。

（4）活动的强化。教师要在课堂上对学生加以引导，使学生通过自己的行动达到相互影响的效果。学生参与活动有利于对教学的强化，促进学习效果的提升。

（5）方式变换强化。教师可以根据需要，运用变换信息传递方式，变换活动安排等使学生增强对某个问题的反应。如对同一教学内容、概念、规律、词汇等，教师可以采用不同的强化刺激，进而提升学习效果。

教师的强化技术，是教师教学动态行为中的助推方式，属于需要灵活运用的操作技术中的一部分。它依赖于教师的经验、悟性和机智。教师也需要加强"效果"意识，并且掌握熟练的基本功，只有这样综合运用，才能得心应手。新教师也要把这部分内容作为练习项目和努力的方向，这对自己的成长有很大意义。

五、课堂观察对课堂节奏的影响

课堂观察是指偶然地或者有计划地觉察学生的特点、风格和行为方式的过程，是教师了解学生的职业知觉活动。课堂观察要贯穿在教学的全过程。良好的课堂观察有利于教学效果的及时反馈，可以深入了解学生在学习中遇到的具体困难，为有针对性地进行教学调节提供依据。

1. 观察范围

课堂观察是对学生表现的全面了解，其范围涉及以下几个方面。

(1) 观察认知能力。首先了解其学习成绩如何，要全面了解其一贯成绩以及某一阶段的情况。其次了解其语言表达能力如何，判断标准为流畅、连贯还是断续、含糊；概念形成是丰富还是贫乏，是清楚准确并且能灵活运用还是模糊、混乱。最后了解其判断能力高低，判断标准为其判断结果是正确还是错误，作出判断是迅速还是犹豫不决；遇到问题是能独立分析还是毫无见解、人云亦云。

(2) 观察学习态度。主要是对学生的注意力、接受能力、短时间记忆效果、学习动机、学习兴趣、对学习成绩的态度、独立能力、自我控制和自我决定的意志力等方面观察。需要对学生的具体表现作出判断，如在某段时间注意力是集中还是分散，理解是快还是慢，是透彻还是肤浅，当堂记忆能力是强还是弱，记忆东西有多大量，复述能力如何，复述的内容是否完整、正确，有多少遗漏，回答问题正确性是高还是低，思考时间是长还是短。还要了解学习的主动性、学习速度、作业情况和对学科所具有的态度等一系列问题。

(3) 观察学习情绪表现。观察点有学习恐惧是否持续存在，到黑板边当众解题以及个别辅导时的反应如何，平时测验和节点考试反应如何，对学习生活是否有厌倦态度，对自我感觉、自信心、自卑感所处的水平如何等。

（4）观察人际交往。观察点包括对教师以及同学的态度是否有敌意或寻衅行为，对学习集体的责任心如何，在学习过程中与他人合作时的态度如何，与同学之间是否存在矛盾冲突，怎样解决，能否积极去解决，是宽容还是计较等。

2．干扰因素

教师和不同学生之间的空间距离不同，往往会导致观察的准确度也不同。比如对那些坐在前排的学生，教师收集情况会比较容易，也比较齐全；而对坐在后排角落里的学生，收集情况会存在各种障碍，也不容易收集全面，还会导致一些错误判断的产生。

教师与不同学生的情感距离也存在差异，这导致观察准确性也不同。教师往往会通过自己的情感距离架设心理动机，从而左右着他的主观判断，有时也可能会歪曲事物。主要表现有以下几种：

（1）期望效果。对于表现良好的学生，教师都是正向的期望，认为结果肯定是好的，很少会去做消极的分析；而对于一些后进生，教师总是会存在反向的期望，认为成绩肯定不能尽如人意，很少去做积极的分析。由于情感的持续性，所以期待效应也就普遍存在，即使教师嘴上不说，但心里都会预先做出判断。

（2）平均值效果。有的时候，教师会对学生所在的班级进行一个整体评价，也就是将学生群体看作一个整体，综合表现好的班级就会认为全部学生都好，综合表现差的班级就会认为全部学生都差。这样评价忽视了学生的个体差异，往往会导致在教学态度上有失偏颇。

（3）中心论倾向。也就是一般的正态分布原则，认为要以中间大、两头小的情况进行分析。这样会在观察学生的考试成绩与学习表现时形成一种固定思维。

（4）互动倾向。是一种光环效应，认为一好百好。首先认准了学生的主要印象，然后忽视了其他印象，从而就把学生表现中很多并不关联的事件强行联系起来。特别是有些学生具有成绩好这个光环，往往会掩盖其他方面的不良表现，比如忽视了对他在道德、体育等方面的培养，也可能会低估那些考试成绩一般的学生的综合能力和未来发展的潜力。

（5）标签效应。其实也是一种光环效应，不过一般指的是"黑环"。比如一旦发现某个学生有不好的表现，就给他贴上标签。而且这个标签可能会持续很久，要摘下来难度很大，并且可能还会具有传递性，这就干扰了其他教师的观察判断，特别是班主任贴上的标签威力更大。

（6）因果联想。在得知一件事情发生后，很多教师不会去了解事情发生的全过程，而是很快对事情发生的原因进行推理臆测。他仅仅通过观察结果与自己推测的原因互相证实，马上就得出结论，这就可能得出错误的判断。

（7）职业限制。每一种职业都有自己的观察焦点，从而就会导致一些职业偏见。教师观察学生，侧重点是学生的天赋和勤奋，然后才是一些个性特点。强调个体的认识能力，也会强调其学习成绩，从而忽视那些"情绪—社会性"等方面的因素。

（8）纪律规范习惯。其实使用课堂纪律规范的频率不宜过高。通过课堂观察我们发现，如果过分强调纪律管理，师生之间会形成对立情绪，会导致惩罚越多，各种情况越多，紧张气氛也随之加剧，从而分散了全班学生的注意力。其实有些可以暂缓的纪律管理，完全可以放在课后进行，如果在课上，也应该在不中断授课的前题下，自然地穿插进行，并且要求果断而迅速。

课堂观察的重点不能放在纪律上，而应该放在知识吸收、技能获取、情绪情感把握等学习情况上面。课堂观察尤其需要关注学生的神情变化。学生的一张脸可以反映出很多情况，能告诉教师学生接受知识的情况，是清晰、轻松抑或是困难、疑惑。同时也要注意观察学生参与活动的操作情况，进而发现本教学环节中的共性以及个性问题。

另外，想要解决课堂观察的问题，可以采用一些调查方法。一是问答，比如可以问："做完了吗？"然后从学生回答问题的语气、声调、面部表情中去发现问题。二是通过让学生举手回答的方式进行课堂教学效果的反馈和总结，比如可以通过"做完的举手""全做对的举手"进行甄别。条件具备的学校还可采用按键回答调查法，这样统计会更准确。需要注意的是，这种调查应以中等生为主要调查对象。

3. 交往活动观察

据调查发现，许多教师对学生的了解没有他们自己想象的那样全面与细致，他们对学生之间交往关系的发展程度估计往往不够准确。所以对教师观察技术的探讨中，专门研究学生交往关系的观察是必需的也是必要的。并且不能仅仅是对学生学习状态和个体品质的观察，还需要深入学生的精神生活，把握学生的内在倾向和隐蔽的情感，同时还要做学生人际关系分析，这样才可以真实、全面、准确地评价一个人，也能够掌握一个班级的全貌。

（1）学生交往类型。学生间的交往形式多种多样、形形色色。借助于一些心理学研究结论，可以从结构和性质上做出以下分类。

①星状结构。这种交往结构中应有一人居于领袖地位，属于团队"小明星"，这位"小明星"对所有成员具有相当的权威性。通过成员之间相互联系，可以促成若干个小组成为星状结构。这种结构具有较强的凝聚力，因此也会比较稳定和持久。该结构的规模和明星人物的感召力相关，少则3～5人，多则覆盖班级中大多数学生。这种交往结构，人与人沟通大多需要通过中间人，其中有且只有一个成员能够覆盖全面，与其他任何人交往，这个人就是信息的汇集点，也自然是传递中心，有着领导、支配和协调小组的作用。

②环状结构。这种结构呈圆环结构，属于非中心化的沟通网络，也就不存在核心人物，以平等互利为基础。参加交往的学生会互相学习，相互

作用。这种结构缺乏凝聚力，显得比较松散，组织影响力也不会很高。

③全通道式结构。这种结构的出现往往是自发性的，也不依靠中心来集中和传递信息，并且每个成员间都可能有联系，属于开放式的系统，其成员素质及交往能力基本都比较强。所以可通过成员间的相互交流，协商解决大部分问题。

④链式结构。这个结构就是直线形状的结构，属于纵向沟通网络。会出现两个成员作为结构的端点。这里的参与者分别只能与其邻居交往，从交流的意义说，对于两端点是不利的。

（2）非正式群体。非正式群体，通常是指一个班级中自由组合、自发形成的群体，形成条件就是成员之间兴趣和爱好相似，或有共同利益等基础。据调查表明，在一个班级中总会存在几个甚至会有十几个非正式群体。和正式群体相比，非正式群体具有鲜明的人际关系特征：①自发性，在某些特定条件下，以个体的精神或者物质需要的满足自愿进行结合；②相似性，群体成员有相近的精神需求以及共同的心理特征，彼此情投意合；③相容性，以感情为基础，具备了很强的凝聚力和排他性；④一致性，小群体的意识突出，在观念与行动的选取上高度一致；⑤权威性，群体中的核心人物有着很高的权威，对其他成员的影响远大于正式群体的影响。

对于班级中形成的各种非正式群体，如果想靠行政命令的办法使它解散、发展和重建都是行不通的。所以，教师不能简单否认或限制非正式的群体，否则极有可能导致相对立情绪，反而使得其活动更加隐蔽，具有更强的凝聚力；但是也不能对非正式群体不加任何的约束和引导，任凭其盲目地发展，这样会刺激它扩充自己的势力范围，形成与正式群体分庭抗礼的局面，最终可能会造成妨碍正常群体活动和组织目标实现的不良后果。

教师一定要了解它产生的根源、背景，了解其思想、成员、结构、核心、目标、活动内容和方式及其对外关系，然后划分积极型、中间型、消极型和破坏型加以区分，并且根据不同类型做出相应的应对策略，达到发挥积极作用、限制消极作用的目的。教师还要把非正式群体作为了解学生的重要渠道，当作一个重要群体组成部分，发挥其塑造和改造学生的重要作用。

要利用非正式群体的积极因素。比如，非正式群体中的信息沟通、渠道畅通，彼此具有赤忱相见、无话不谈等优点，可以帮助我们了解学生的思想动态、性格特色、行为表现，而且能及时和准确地收集学生对班级的意见。非正式群体形成的基础之一就是共同的兴趣和爱好，所以它们又具有互尊互爱的特点，可以帮助我们激发学生的热情，巩固友谊。它们还有心理协调、行动一致的特点，可以帮助教师解决一些工作中的难点，可以利用核心人物威信高、影响力大的特点，去进行一些创造性的工作。

要限制非正式群体的消极因素。比如，非正式群体有排他性，容易产生拉帮结派的倾向，还有其核心人物与组织的对抗，以及活动的内容和形式不健康等问题，都是需要限制的，有的甚至需要制止。如果教师对非正式群体的消极因素不闻不问，就会纵容他们，从而产生恶劣影响。其实一些学校中出现的所谓"乱班"现象，其形成的一个重要原因就是非正式群体的消极性活动没有被及时引导和制止。

（3）学生间亲密交往。学生间亲密交往，其心理相容性比较高，主要受以下条件影响：

①空间相近。如邻座、同舍、邻居等，这样的地理优势导致交往频率提高。而频繁交往有利于相互间的了解和情感加深。

②客观条件相近。如果有一些相近之处，如个人经历、家庭背景、智力发展水平，甚至身体素质等客观条件方面，会使交往双方存在大量共同语言，会产生惺惺相惜之感，容易亲密起来。

③个性特征相似。对于兴趣相同，能力、性格、气质相似的学生，彼此间如同发现另一个自己，会互相理解和支持。

④观点、态度相一致。当交往双方对于某人某事的看法相同，并能采

取相同的反应态度时，彼此间容易产生互相吸引的力量，建立起友好关系也就水到渠成了。

⑤需求互补。在需求特性上差异较大的学生，也容易因为相互吸引而密切交往。比如，主动型人格表现为主动亲近或支配他人，而被动型人格就期待他人的接近和引导。这两种性格的人需求互补，可能一开始不会很快就"来电"，可是一旦开始交往，形成的关系必定牢固。

（4）学生间对立关系。对立关系，就是指学生之间存在的彼此反感、妒忌、摩擦、冲突等对立行为。它对班集体的安定团结、凝聚力、活动的效率等方面都有极大的破坏作用。而长期生活在这种环境中的学生，心理压力极大，极易产生焦虑感。

通过观察，以下几类学生属于对立关系的高危区。

①明星型学生。这类学生长期受到教师的重视，居于"小领袖"之位，受学生信任，也很有威望。但是，这类学生中有一部分是利己主义者，看上去是非常积极地参加各种社会活动，但他们的行动大多是基于个人利益。他们喜欢发号施令，但是不能容忍批评的声音，对自己的"核心"地位特别关心并极力去维护。这些学生其实也属于"难教的学生"。

②随性的学生。他们人缘好，可以很好适应各种人际关系。但是他们在班集体被接纳程度各不相同，有的是比较欢迎的，有的只是一般性接纳。而且这些学生的角色地位非常容易发生变化，如果努力，他们可能发展成"明星"，而如遇到特殊情况，他们也可能会走向孤独。这类学生的成长需要教师做必要的指导。这些学生虽然没有很高知名度，但这一类学生未来很有可能会有所成就。因为这些学生在学生阶段没有"明星"式的过多荣耀，所以也不会有很多社会行为的复杂动机，为人处世就会非常质朴、自然，总的来说就是自由的生长者。

③受孤立的学生。这里要分清楚孤独者和受孤立者，他们在交往情绪上都是冷漠的，一种是不主动交往，另一种是在班集体中被排斥，同学们

对他们怀有强烈的鄙视情绪。但不管是属于哪种类型，如果班级中存在太多的孤独者和受孤立者，那么对班级的伤害是很大的。人类毕竟是群居动物，所以这些学生内心往往是不平静的，情绪是焦虑的。他们身边没有知心朋友。他们也会通过各种手段吸引同学们注意力，但是有时候会收到相反的效果。所以会有一部分人因不满而厌学、逃学，有的甚至过早被推向社会，去街头找伙伴、寻找同情者。因此教师一定要想办法改善这些学生的处境，并且多方引导，促使他们参与到同学之间正常的交往中去，可以先从课堂合作中寻找契机。

学生中的人际关系结构是相对稳定的。学生如果处于某种结构关系之中，那么基本会一直保持到毕业。特别是那些处于高低两端的会显得更为稳定，而随着年龄的增长，这样的人数也会适量增加。

第四节　合作学习

一、传统教学与合作学习的区别

传统的师生交流通常是双向交流模式，这种交流方式，有以下几个特点：

（1）信息传递仅通过教师或教材，教师与学生存在单向或双向交流。

（2）学习资源单一，限于练习册、作业本或教师课堂讲授。

（3）学习交流重心是传递知识技能，学习交流活动由老师控制进行。

这些特点也决定了传统的课堂教学方式。整个学习过程，教师集体教学，学生个体获得。班集体人数比较多，教师没有更多精力去帮助到每个学生，学生间少有讨论、鼓励和交流，相互帮助也很少。这就是水平较低的"群体教学"。班级中学生成绩易呈现严重的两极分化，这对于整体素质提高存在很大弊端，不能不说是一种缺憾。

合作学习则有所不同。它在教师和学生合作交流的基础上，通过合理的搭配形成一个比较固定的合作学习团体，交流的方式也由单向或者双向转变为多向，也逐步构成了群体控制的交流模式。它强调了团体中的合作协同，由团体成员合作收集、阐释、综合与运用信息，从而更高效地解决学习问题。

在这种学习交流模式中，学生更加自由，可以相互交流、帮助，其相互影响也远超传统的课堂教学方式。

以上这两种学习方式可以在组织班级问答讨论中做对比，所表现出的组织形态有着明显不同。传统教学中，班级问答讨论过程如下：教师提问—学生做准备—教师点名作答—其他人补充—教师评价。在此过程中，个体竞争的社会心理气氛明显，那些没有被点名作答的可能因此而丧气，也有一些教师鼓励学生挑刺，如果学生回答时有一点差错，常常会引起哄堂大笑，导致学生以后害怕回答问题。而合作学习中，教师把学生分成若干合作小组，好、中、后进的学生各组齐备，教师提出问题后，学生开展合作，先组内交流，要求所有组员都参加。这样为了小组的荣誉，优秀学生会带动中等生，一起帮助后进生。然后教师让一名学生回答问题，其实答案是小组集体讨论给出的答案，接着就是互相补充。这种学习交流方式培养了学生的协作精神，且人人受益，特别是中等生和后进生的进步明显。合作学习把学生的知识、技能的学习以及交际能力的锻炼融为一体，同时把积极的互相依存和个人责任感高度统一在一起，对独生子女的社会化教育产生了明显的作用。

合作学习还有一个重大意义，那就是使课堂活动有了双重功能。合作学习要求教师和学生之间的交流具有一般的社会特征，这样就改变了传统教学中教师和学生之间单纯地传授知识与学习知识的关系。

合作学习下的师生交流不仅存在着制度上的支配——从属关系，而且还存在一种情感协调的关系。师生之间如果有深厚的感情，就必然产生精神上的融通，师生间能建立起一种彼此接受、相互理解的融洽的人际关系，这样也有利于产生和谐的课堂气氛，进一步决定了教学的成功。

三种学生群体组织关系：

（1）群体合作关系。这种关系表示个人目标与群体目标相一致，即学生感到，只要其他同伴达到目标，自己也就达到了个人目标。

（2）群体竞争关系。竞争关系表现出个人目标和群体目标的相互排斥，即学生感到，只有在其他同伴不能达到目标时，他才能达到个人的目标。

（3）个人单干关系。这种关系表示个人目标和群体目标是彼此分离的，即学生感到，自己与同伴在达到目标上毫无关系。

按以上划分，我国中学教育曾经一度受到单纯追求升学率的影响，学生群体组织结构基本属于第二种，即群体竞争关系。而且学校教育中也鼓励这种竞争，特别是每次大型考试之后成绩的排名也无形中强化了这种关系。对名次的重视，也造成同学间的封闭与嫉妒，最后逐渐形成个人单干关系。

二、合作中的社会交往技能

学生长期受到群体竞争和个人单干的熏染，往往很难迅速适应团队合作的方式。有的教师会通过教室里座位的变动，让合作团队的成员面对面地坐在一起，但是一开始学生的态度基本上都是冷淡的，也有些学生可能会表现出反感和拒绝，这其实就说明他们缺少必要的人际沟通技能。

教师想帮助学生快速掌握社会交往技能，可以通过以下五个步骤：

（1）使学生了解为什么要掌握社会交往技能。

（2）让学生理解这些技能是什么，在什么时候运用。如，教师可以向学生演示说明运用技能时的言谈举止。

（3）让学生反复练习，还可以创设情境，分角色扮演多次练习。

（4）让学生经常讨论、描述和思考自己运用技能时候的情况和表现，通过相互点评提高掌握。

（5）坚持练习，以达到完全熟练应用的程度。

社会交往技能需要在课堂里得到系统传授，使学生熟练掌握，并帮助学生在实践中有效地与他人协同工作，和睦相处。

三、教师的作用

合作学习中，教师的重要性更加凸显。要求教师具有良好的组织才能，这样方可组织好、计划好并且管理好合作学习。教师比以往投入的时间和精力要更多，要求教师的学识、教学水平更高，解释与分析问题的能力更强。教师控制作用的减少带来了权威性的减少，教师角色也会随之发生种种变化。教师要适应以下几个角色：

（1）领导者。要给合作学习更有力的领导。

（2）推动者。推动学生在学习中的相互作用和自我表达。

（3）主持人。做好学习项目主持人，控制合作程序，引导学生讨论。

（4）顾问。当学生遇到学习困难时，随时提供各种帮助和信息。

（5）旁观者。教师只有脱身出来，才能发现更多学习中的问题，头脑也会比置身于课堂学习中更为清醒。

合作学习中这几种教师角色都有助于激励学生间的交流，有利于引导帮助学生达到更高的认识目标，有利于培养学生通过合作解决问题的能力，有利于学生的思想发展和技术交流，有利于学生更好地掌握人际关系技能。

四、建立合作小组

合作小组，是实现学生群体合作学习的基本单位。可以根据性别、才能、性格特征、成绩、特长等方面的差别，由 6 ~ 8 名学生建立起比较稳定的学习小组。

合作小组的主要特色是：

1. 组内异质，组间同质

合作小组内的成员允许存在合理的差异，这样便于展开互相合作，而各小组间的组成基本均衡，为各小组间的公平竞赛创造了条件。

2. 任务分割，结果整合

小组成员在学习内容和学习结果上是相互依赖的。也就是需要把学习课题分成若干"块"，分给不同小组成员自行解决，得到答案后再"拼接合拢"。各小组成员对于自己负责的那"块"，不仅要自己熟练掌握，还要能教给他人，同时也要吸收同组成员的结论。

3. 个人计算成绩，小组合计总分

传统的小组学习，解决问题时，容易出现由那些有实力的学生一手包办的情况，而成绩较差、不愿意出头的学生参与感并不强。在合作小组里，要求每个组员凭借自己的努力独立完成任务，个人计算成绩，再把组员积分加在一起，这样才构成小组成绩。这样一来，那些"拉后腿"的组员就会得到更多帮助，小组共同进步，从而取得领先位置。

4. 公平竞赛，合理比较

合作小组讲合作，但是也不排斥竞争。以往，优等生拿高分，后进生成绩不佳。现在可以重新组建测验组，让优等生与优等生竞争，后进生与后进生竞争，测验难度也可以分出层次。评价的时候，优等生组排名与后进生组排名相同的，都给各自的原合作小组赢得了相同的积分点数。这样，合理竞争，统一评价，保证了全班学生都受到成功激励。

5. 分配角色，分享领导

合作小组的成员在合作时承担了不同的角色，还可以轮流分享领导的责任。比如一个组里有协调员、记录员、报名员等，这样就可以保证分工的公平，也可以让小组里每个成员都获得锻炼提升的机会。

五、合作学习的意义

合作学习的意义在于以下几点：

1.改进了学校教育效率，提高了全面育人质量

其目标指向为全体学生，特别是照顾了学习有困难的学生，使他们的学习成绩能够普遍得到提高。

2.把教师的责任和学生的力量整合起来

教师作为学习的促进者，帮助学生发挥主观能动性，促进了"教"与"学"的和谐统一，达到了"教"为"学"服务的目的。我国"教改"中非常重视调动两个积极性，但是都受制于学生积极性低落的影响，收效不大，其根本原因是没有解决好教与学的关系。实施合作学习之后，破除教师的"满堂灌"，学生的主动性提高了，经过合理引导，都能够有效地参与到教学过程中，让学生群体的资源得到充分利用，体现了整体协调的巨大力量。

3.适应并推动了教育的其他革新

合作学习不仅仅是课堂组织结构的革新，也是学校教学其他方面改革的催化剂。受此影响，需要改革的还有调整教学内容、改进评价方式、完善教学方法、提出新的教学过程阶段理论等。

4.提高了教学质量

合作学习能迅速提升学生的认识水平，对学生掌握基本知识、基本技能来说，效果明显，可以极大促进学生的学习热情。

第四章

课堂程序设计

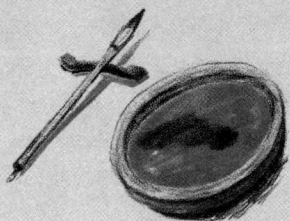

第一节　设计的意义

一、教学目标的明确

明确教学目标是教学设计的先决条件。教学目标的叙述要强调教学活动能使学生产生的具体改变内容，说明教学后学生能学会什么，学生的行为表现以及改变的方向与程度，因为这些行为改变必须是可观察且可测量的，所以要据此制定好目标达成的基本标准。教学目标需要明确学生改变的预期结果，这个结果也必须由学生可判断的具体行为做描述。另外，从层次上来讲，要分别建立终极、中期、近期教学目标。终极目标，也就是国家给出的教育宗旨；中期目标，也就是不同学校制定的任务；近期目标，也就是每科目每课时的教学目标，这也是狭义的教学目标，也是这里要研究的对象。

当前教学目标的制定存有三类情况。

1. 空泛的教育目标

比如"把学生培养成良好公民""学生应发展语文智能"，这些教学目标是必要的，但如果只作为空泛的摆设，那样教学设计就没有了基础。而现实中以终极目标、中期目标代替近期目标的情况时有发生。

2．模糊的教学目标

比如"提高学生的写作技巧""提高学生的阅读能力"等。这种叙述只是呈现了学习结果。而课标中的抽象概念如"了解""掌握""领会"等体现规定教学内容达到深度的词语，都反映了一种学习的心理活动，是对学习心理活动不同层次以及程度的形象描述，基本是无法直接观察与测量的。而教学目标的叙述，重点应该在学习历程上下功夫。

3．明确的行为目标

比如"了解七律的特点和用典的含义""通过本课的学习，初步获得群文阅读的一些经验方法""根据参考手册，学生能用正确格式书写求职信函，无文法或书写错误"等。

在教学过程中，教师想要制定明确的行为目标，包含以下四要素：

（1）行为主体。行为主体是学习者，行为目标针对的是学生，是学生行为的体现，和教师的行为无关。而有些教学目标的叙述却是"教给学生"或"教师将说明"，这样的叙述是不对的。标准的教学目标要以"学生应该"开头，书写的时候可省略，但必须牢记，适合、明确的目标针对的是学生。

（2）行为动词。行为动词是为了描述学生可观察且可测量的行为的词语。包括模糊与明确两大类动词。模糊的动词有：知道、相信、了解、喜欢、欣赏。明确的动词有：背出、写出、选出、辨别、认出、比较、设计、解决。

如果在教学设计书写中，所使用的行为动词模糊、单调、千篇一律，那么就会直接影响教学要求的实施。

教学设计需要有具体、明确的行为目标，只有这样才能为教师提供确切的教学方向和评价标准，教师选择有关教学内容、教法及教具也就有了依据。但有的教学目标是不能测量的，如教学中出现了突发状况，而设计的行为目标并未提示任务，对此我们也要重视，因为这些状况可能会引出更有价值的教学活动。

（3）情境或条件。情境与条件，指影响教学结果所出现的具体的限制与约束范围等，如"需要借助工具书""不用参考资料的帮助""依据""通读全文后"等。

通常有以下四种类型：①可以使用辅助手段或者不允许使用。如"无须参考资料的帮助能完成"。②提供信息和提示。如"给出几则阅读材料"。③工具和特殊设备使用或者不用。如"借助工具书完成"。④完成行为的情境。如"在课堂讨论时叙述要点"。

（4）明确的行为要求或标准。行为要求或标准，指的是学生所达目标的最低行为标准，用来评估学习表现和学习结果所达到的程度。如"至少五个主要步骤""完全无误""一分钟内"等。

标准的说明，包括定量以及定性，可分为三类：①完成时间的限制；②准确性的限制；③成功的特征。

现在教师教学的目标用语，许多既不是特定的，也不是具体行为的界定。如"理解""掌握"等目标用语该如何来界定其具体行为呢？这就需要通过再分析，把教案上的教学目标细化为一系列具体的、可以指定的行为目标。具体说就是要化整为零，变形象为具体，把总体目标细分为小目标，再把小目标转化为可以观察到的行为目标。在课堂教学中，教学内容中每一点的基础训练和能力培养都应该有明确的要求，要理出分明的序列，还要尽力实现量化。

还要指出，那些与实现目标行为直接相关的重要条件，都要做出动作规定准确性程度。这种教学任务的分析过程，将整体分解为局部行为成分，这些成分也是实现目标的教学组件。

二、教学空间的利用

学校里的教学空间是不可忽略的教学资源，也是提高教学质量的要素之一，更是教学设计需要考虑的重要条件。

教学经验丰富的教师能够体会到：在课堂上，座位不同的学生受到教师行为的影响也是不同的，或者说，座位不同的学生受教育的机会也是有差异的。在同一间教室里，学生的座位离讲台越远，和教师的信息沟通及相互作用的机会就越少；与此相反的是，座位离讲台越近的学生，和教师接触并受到照顾的机会就越多。这就是空间距离所造成的。现在，大部分班级都是按照学生的身高排座位，在教师的最佳视线区域内，大多是一些中等身高的学生，而"大个子"多在教室的边远区域，只有他们在课堂上制造麻烦的时候，才会引起教师的注意。

教室里座位的分布和学生的生理、心理健康成长及学习成绩都是息息相关的。研究表明，学生的视力、性格、智力等方面都会受到所在座位的影响。

这就需要教师科学、合理地安排座位，把性格不同的学生搭配在一起，让他们彼此影响，取长补短；把气质不同的学生分开搭配，让他们互为补充，最终都能形成完善的心理品质；还应将学生座位定期左右轮换，平衡大脑左右半球的思维发展，也让学生的视力得到调节。

1. 班级规模影响

大班级的授课模式可以节省师资，能够快速地大面积地向学生传授知识。但是，如果学生在个性上的差异没能得到充分重视，会直接造成一批学生的学习积极性遭受挫折。教学实践还证明，班级的规模在潜移默化中影响着学生的学习与行为。而小规模的班级有助于学生学习成绩的提高，更有助于情感的丰富和发展。学生的学习情感主要包括动机、兴趣、自我认识、专注力、创造性等方面。

有研究数据表明，在大约 18 名和 28 名学生组成的班级进行比较，大部分数据显示出小班教学的成绩要高于大班教学。和比较普遍的超过 30 名的班级比较，小班教学在学习成绩上有很大优势。所以，如果对班级规模进行缩减，就会有巨大的学习收益。

很长一段时间以来，我国的学校以大型班级为主，教室拥挤、喧嚣，学生学习相互干扰。师生比例不协调，对学生身心的正常发育有很大影响。实验表明长期处于拥挤之中，学生会感到紧张、烦躁，心理波动相对较大。而由此所造成的不满情感，女生要比男生更强烈。

处于拥挤课堂中，教师行为也会受到很大的影响。随着课堂密度增大，教师也会感到焦虑与不安，更易与学生产生冲突与矛盾，增加课堂偶发事件的发生，而且消极现象的产生、传播与扩散也更容易，致使教师工作量大幅度增加。我国目前是以教学班为单位核算教师工作量，而忽视了教授学生的数量，其实两个大的班级在人数上可能就和三个正常员额班级相当，教师需要做个别辅导、作业批改、试卷评阅，这部分内容的工作量也大幅度增加。这就使教师工作量中的隐性劳动量大幅增加，长此以往教师的工作质量也会大受影响。受到班级人数过多的影响，当作业批改不过来时，教师就有可能减少作业量或者减少批改的次数，这样对学习效果的反馈就会受到影响。班级人数增多，教师与学生的交往频率自然会随之下降，学生在参加学习活动时所受的必要指导也就减少。

2．座次安排

座次安排的模式主要分为以下三种：

（1）纵横交错型。这种是最传统的排列形式，它比较适合学生人数多的班级。基本模式就是老师一个人在讲台上进行授课，而众多学生在下面听讲，做笔记。这种类型的座次排列是刻板、封闭性的。学生与学生的空间距离比较近，学生一致面向教师，这样的空间形态排列，在课堂教学中不利于学生的人际交往。受到座位的限制，课堂上学生的人际交往不管在质量上还是数量上都受到极大影响。学生之间交往范围狭窄，一般多在同桌之间。纵横交错型座次在对学生自身的社会化发展、能力的培养以及对知识点的掌握等方面都缺少积极推动的作用。

传统的课堂所采用的是讲授教学法，这种座次让全体学生面向教师和黑板，整整齐齐笔直地坐着。讲台后面那一块高出地面的位置就是教师的位置，充分体现了教师的权威。教师不但从地理空间上和学生隔开了，而且在心理上也远离了学生。这样的座位布置所形成的自然条件与讲授教学法很契合，教师的讲述占据了大部分的课堂时间。

"纵横交错型"的教室，有着其明显的教育特征。研究发现，处于教室前排以及教室中间地带的学生，上课时比较活跃，我们称这个区域为"行动区"。在这个区域的学生，上课时表现活跃，能积极回答问题，与老师互动，参与课堂活动积极性高，也非常愿意与教师交流，在时间和次数上要多于教室后排的学生。出现这种现象的根源在其座位模式的空间特点上。因为"行动区"和教师课堂监控的有效范围会产生重合，而这种重合对学生课堂行为的影响很大。

教师的课堂监控会给"行动区"的学生带来较高且集中的压力，在教师的监控之下，学生也自然会约束自己的行为，所以会表现出听讲认真，反应积极的良好行为。而对于监控不够有效的后排，学生压力不大，其有效性就降低，表现在容易分心，不时会搞小动作。"行动区"的学生距离老师近，同样与教师的交流更有效，教师也可以通过眼神、面部表情、行为举止等将关注和期望的情感非常容易地传递给这个区域的学生，与学生在心理上产生共鸣，使学生积极配合教学。而后排学生与教师距离太远，基本不能及时收到教师的暗示和反馈，很难与教师情感共鸣，具体行为就会表现在课堂纪律散漫，并且对课堂活动不关心，将自己置身于旁观者的位置。面对这种情况，教师可以通过时不时下讲台走动，定期对座位做调整，或者改变座位编排等行为，以减少空间特点所带来的负面影响。

（2）模块型。模块型也是分组教学的理想座次安排模式，适合于多个学习小组同时进行的独立活动，能发挥教师组织者、协调者的作用。

"更自由"的学习环境深受学生喜欢，如在"围成一圈"环形座次排列的教室里，语言表达水平高的学生会主动选择中心地带，语言表达较好的学生也会靠近中心地带，这样会比在边缘区更积极去参与教学；语言表达差的学生，也不会特别受这样环形教室布置的影响。不过这种座次排列，学生视野开阔易左顾右盼，常出现眨眼睛、转身体的多余动作，这些非语言行为出现次数的增加，不利于听讲，但是有利于讨论。

（3）马蹄型。这种模式可以使得全班同学尽量多地参与到课堂活动中，学生和老师共同进行讨论探究。这样的座次排列形式民主氛围浓厚，有利于师生之间进行密切的交流。

马蹄型的座位排列，学生可以得到充分交流的机会，桌椅随意移动，按特定活动的需要来排列。在课堂教学改革中，课堂教学需要更大程度上的灵活性，也需要更广泛的学生交流，而不局限在教师的课堂讲授。

新形势对课堂的空间环境提出要求，要允许学生能够看见群体的其他成员，否则学生间的交流就会受限，特别是非语言交流会封闭，讨论问题就会不充分。马蹄型座次模式，学生形成 U 字形，教师处在学生对面，很显然，师生就形成方向性直接影响，眼睛相互交流频率会提高。

三、教学时间的利用

学校中的教学时间是不可忽略的教学资源，是提高教学质量的关键要素，是教学设计需要考虑的重要条件。

教育学家鲍尔对时间进行了简洁的概述："时间是教育王国的金钱，教育需要时间，它可能而且确实是发生在时间的任何一个瞬间的过程。"

教学时间是学校教学中心变量之一，与学生的学习活动和学习成绩密切联系。经济学家把时间视为课堂上的一种资源，心理学家则认为时间是学习过程中的一个决定性因素。

教师在教学时，需要了解提高教学时间效益的一些知识，从而能充分、有效利用教学时间，使之更好地作用于学生成绩。可以从以下几个方面了解并考察教学的时间效益。

1. 名义学习量

名义学习量，就是在正常时间下每年的总学时量。我国各地各校间每年的总学时量的差异不大。逻辑上也认为时间的宏观长度（学年、学期、学周的长短）与成绩正相关，但并非所有学校都显示出这种一致关系。因此，要进一步探讨学生的实际有效学习量。

2. 学生个体的教学量

学生个体的教学量，需要考虑一些严重影响学生有效学习量的因素，如缺勤、迟到、教师缺课等停学现象，这就需要在总的学时量中减去这些现象发生的时间，然后才是学生个体的实际教学量。很显然，从逻辑上讲学生的出勤率与其成绩成正比，学生成绩受出勤天数、迟到、教师缺课等综合因素影响。

3. 课程内容的时间

教师对学生的学习时间有着很大影响，可以精细到课堂上。课程内容的时间，指的是学生在学习课程内容时所获得的时间量，也就是课堂上的学习机会。在课堂上，不同教师对阅读、练习、讨论等课程内容的时间分配往往有着很大差异，这种差异与学生的成绩之间有着较为复杂的关系。有正相关的，也存在负相关的。教师在考虑课堂教学时间的分配与教学内容的相关状况时，不能只凭习惯和兴趣草草决定。

4. 专心学习时间

教师教学时学生的学习情况如何，我们如果把教师的教学比作电台的节目播出，可能并不是每个学生都在这个频道，这是反映教学时间实效的一个值得研究的课题。教师在课堂教学时，时常提醒学生集中注意力，就是希望增加学生专心学习的时间。班级整体注意程度也是评价教师课堂掌控能力的重要指数。而学生的注意程度如何判断呢？教师可以通过学生的眼睛运动和身体姿势变化来判别学生学习的状态。学生专心学习时间的长短，体现了学生学习能力的高低。学习能力差的学生往往行为不受控制，学习活动频繁中断；而学习能力强的学生会在注意力集中的阶段将学习任务圆满完成。

学生的积极学习时间对学习成绩的优劣有着强烈影响。积极学习时间的多少在很大程度上决定了学生学习成绩的优劣。教师要对学生的课堂学习进行阶段性督查，及时对学生应答的正确性给予反馈，对指定的学习任务做出明确的要求，这些都可以提高学生的积极学习时间。总之，成功的教师应该找到可控因素，努力提高学生积极学习的时间量。

何为成功教师呢？积极组织课堂，使学生明确课程目标，让学生了解教师对学生的学习期望，并且引导学生完成学习活动，将知识有效传递给学生，并能坚持下去。

研究实验证实，教师在课堂教学活动转化过渡时的"活动流"，对学生的专心学习时间影响重大。课堂上的过渡期，学生不学习的行为比其他时间更多见。有经验的教师就能够注意到这些，在适当的时机会提醒学生规范言行举止，防止破坏课堂情况的行为出现。教师要想让课堂教学充满"动力"，就得判断并且把握合适的时机，千方百计增加学生专心学习时间。总之，教师的行为改善可以大大增多学生专心学习的时间，教师应该通过这些变量的反馈及时调整课堂活动组织，促使教与学的时间得到最大限度的增加。

5. 教学时间的遗失

教学时间的遗失会影响课堂教学的质量。造成教学时间的遗失往往源于以下因素。

（1）中断因素。中断因素是由于课堂出现学生违纪等突发情况而致使课堂教学受到打扰。虽然大多数中断都能被老师及时消除，时间很短，可是影响面很大，特别是对师生教学互动配合影响最大。如果课堂上出现多次中断，那就是一节不成功的课堂教学课，这些中断造成学习时间浪费，学习效果大打折扣。

（2）过渡时间。过渡时间，就是在一节课内或者两节课之间，需要改变教学活动时所占用的时间，各部分内容的转变也会自然地占用时间，这取决于指示的明确性，以及为改变所做的预先讲述。一节课要追求最经济的过渡时间。教师应该避免随意性的课堂小段的出现，避免让不必要的组织和说教占去大量的时间。两节课之间的过渡时间也是一样，尽量减少重新组织的时间。

（3）不恰当的练习作业。不恰当的课堂和家庭作业是造成时间遗失的又一个方面。新内容教授结束后，教师需要安排练习巩固。若练习设置不合理，难度过大，学生可能完不成。那样就会盲目地应付、粗略地乱写，把完成作为目标，而忽略了质量。如果在学生没有完成对课堂教学内容的学习时，马上布置练习，那么一定程度上会造成时间遗失。形成这样问题的原因有：老师的教学能力不够，所举的例子代表性不足，所选的练习目的不明确等。这些情况都会使学生的学习机会受到损害。在练习作业时，老师和学生要相互配合，在规定时间内保质保量地完成任务，以达到教学时间使用效益的最大化。

6. 教学时间的搭配与组合

在单位时间内，合理地使用教学时间，可以提高教学效率，达到事半功倍的效果，完成多个单位时间才能完成的任务，本质上就延长了学生学习的时间。学校教学时间基本固定，但每天教学时间的分配和使用效率却可能大不相同，这与教学时间的搭配组合密切相关。

（1）课程顺序要合理，要使不同性质的学科穿插进行，这不仅易于培养兴趣，提高学习效果，还有利于学生大脑左右半球功能交替发挥作用。

（2）每天的不同时间段，学生学习能力也有高低之分。上午一般是学生学习能力的最佳时间，如果在上午的第二、三节课时安排学习内容比较复杂的科目，效果也会比较好；下午第一节课的学习效果往往比较差，而肌肉控制与速度运动的效率最佳水平却会在下午出现。

（3）每周的学习效率也有一定的规律，其中周一、周二最高，周三开始下降，而到周五会略有上升。在一周的学科分配上，有两种分配方法比较好：对于需要较多记忆和复习的学科，可采用对称的分配量，使学科的教学时间有相对间隔；非对称分配就是集中在几天内连续安排一门学科，保证在连续时间内完成较广课题的教学，适用于需要连续集中思考的学科或课题，或者用于解决综合性的问题。

（4）有效学习时间的连续。根据研究数据得出，13 ～ 15 岁时，不产生疲劳的持续学习时间为 50 ～ 60 分钟。如果学习持续的时间长，那么疲劳消除的时间也会变长，课间休息时间也就需要进行适当调整。

（5）课时合理分配。不同的学科、不同的学习任务都按规定的课时（如 45 分钟为一课时）来安排，这是一种机械编排，同样会给整体化教学带来困难。因为长时间让学生基本按照相同节奏运行，非常容易产生学习倦怠。现代教学需要弹性课时分配，以教学内容、场所、材料和辅助工具运用等方面为判断依据，灵活组织教学时间，采用单课时和双课时结合的方法做调整。

第二节　设计的内容

一、教学设计的因素

1. 教学设计的特征

教学计划大多是依靠教师的直接感受完成的，教师关心的重点是教的方式，往往容易忽视学的方式，这对整体教学的效果来说是不利的，因为这样的教学计划通常是建立在教学目的不明确及无准则的主观判断上。

但教学设计却不同，它首先要具备明确的教学目标，着眼点是激发、推动、辅导和引领学生自主学习，落脚点是如何帮助每一位学生把所学的知识都掌握好。其主要特征是：

（1）教学计划、开发、传递和评价系统化。

（2）通过分析系统环境后确定相应的教学目的。

（3）用可观察的行为术语来描述教学目标。

（4）系统成功需要对学生极为了解。

（5）重点是教学策略的制定和媒体的选择。

（6）设计过程中需要有评价标准。

教学设计应根据学生达到预期标准的能力来进行测定和分等。

2．教学中的变量分析

教学过程中的变量，是教师在课堂设计时需要认真思考并做出适合应变的一个重点。课堂教学中的变量分为以下两类：

（1）教师直接影响的变量

①师生之间的相互作用。相互作用就是老师影响学生学习活动的行为，并且可以通过引导学生进行最优的学习活动，从而达到学习成绩提升的教学过程。

②教师预作用。这里面包括教学计划制订、记过评估及其他的教学活动。教师预作用是教师在课堂之外的行为，目的就在于提升学生课堂学习效果。它是教师教学控制的主要手段，也是教师利用专业知识及专业技能影响教学过程的基本方法。可以保证教师出色完成教学，并且成功达到教学目的。

③教师特性。这是教师基本能力、知识水平和教学态度的综合体现，只有具备了这些基本特性才能成为教学工作者。同时它也是教师必须掌握的基础技能，是教师获得成长的基础。

（2）教师从侧面能影响的变量

①学生个人特性。和老师特性一样，它是学生的基础技能，是指学生具备的能力以及个人品质。学生个人特性能最终决定学生经过特定学习后所得到的经验结果。可以设想存在着两名学生，他们有着完全相同的学习经历，但因为他们具备着不同的个人特性，其学习结果也不尽相同。

②内在联系变量。也就是一部分学生的特征。这些特征会影响他们对教师的教学行为做出反应。在一个班级中，教师的教学行为基本完全相同，而不同学生的学习成绩并不相同，这就是受到了内在联系变量的影响。

③外在联系变量。其实就是教师实践的物质保障系统，它包括学校提供的材料、设施、监督和行政支援，以及社会的配合支持等，即使教师具

备相近或者说完全相同的能力，可是由于物质保障系统的差异，也会使得在相似或相同的班级中教师的教学行为有所不同。

④师资培训变量。这是增强教师展现能力的途径与手段。原本具有相近或者相同特征的两个教师，通过接受不同次数、不同形式的培训，会在以后工作情境中体现出不同的能力。

教师的教学设计和实施过程，受到以上几种类型变量的影响，教师只有做出恰当反应并且做出全面具体分析判断，才能做出准确、可行、有效的教学设计。

二、教学设计的主要内容、基本要素及主要步骤程序

1. 主要内容

（1）明确教学目标。要以可观察、可测量的行为变化作为具体指标。

（2）确定学生起始水平，了解学生原有的知识储备、技术技能以及学习动机、学习状态等情况。

（3）仔细剖析学生要掌握的知识技能，并分析学生应形成的态度和行为习惯等。

（4）考虑能体现教学内容的方式方法，为学生提供多方位的学习指导。

（5）考虑学生的反应并提供多层次的反馈途径与方法（练习设计）。

（6）考虑科学的测量标准以及最佳的评价方法，其中包括测试、评分以及分层。

2. 基本要素

（1）我们期望学生学习到什么知识内容？（教学目标）

（2）为达到教学目标，我们要如何组织课堂学习？（教学策略、教学媒体）

（3）在进行课堂学习的时候，我们如何能及时全面获取反馈信息？（教

学评价)

3．主要步骤

(1) 分析需求、目的以及需要优先考虑的部分。

(2) 分析资源和约束条件以及可选择的最佳传递方法。

(3) 确定课程范围和顺序，设计传递方法。

(4) 确定课程的结构和顺序。

(5) 分析课程的目标。

(6) 确定行为目标。

(7) 制订教学计划。

(8) 选择、开发教学材料和媒体。

(9) 对学生行为做出科学评价。

(10) 教师方面的准备。

三、设计与知识分类

知识分类是教学设计中的重要一环。学习的类型非常复杂，如果只是简单模仿，用一种学习模式来指导一切教学设计，那是不现实的，这样必然会产生比较大的教学误差。学校教育中普遍存在着教会了知识，但是没有教会学生掌握应有的技能的现象，而形成这种现象的原因，有一部分就是教师没有掌握现代知识分类学方面的内容与技术，在教学设计方面有先天性不足。

那么，如何识别不同知识的类型，并根据不同知识的特点进行针对性的教学设计呢？一些认知心理学家认为，以教学设计的角度为标准，分为陈述性知识、程序性知识、策略性知识三大类为最佳。

1．陈述性知识

陈述性知识，其实就是"事物是什么"的知识。可分为以下三种形式：

（1）和事物的名称或符号相关的知识。学习这一类知识，要记住事物的符号及符号所代表的相关事物，这时收获的是一种孤立的信息。比如，汉语学习中的识字，就是这类知识。

（2）简单的命题或事实。比如学习"中国的国旗是五星红旗""李白号青莲居士"等单个命题，这时收获的就是这一类知识。

（3）复杂命题的组合，即需要思考组织的语言信息。如陈述总结某件事情成功或者失败的原因，需要的就是这类相关知识。

陈述性的知识大多是以命题网络的形式贮存在我们的头脑中的。

如果根据陈述性知识的特点进行教学设计，需要注意既要有利于知识的储存，也要方便提取和回忆。所以，这类知识的教学目标可以归纳为培养学生记忆知识的能力。而检查的方法就是要求学生能很快通过口头或书面来陈述所学知识，通过其准确性即可判断学生是否具备相关能力。

陈述性知识的教学设计的中心，就是要帮助学生快速、准确掌握这类知识。在我国的传统教学中，和陈述性知识相关的教学大多以让学生死记硬背为方法，教师只是做出简单、机械的解释，再给一个标准答案，忽视了引导学生如何去掌握陈述性知识中的符号或理解词语意义。

陈述性知识的教学设计，需要注重意义学习的过程，也就是理解知识的过程。这里强调让学生"理解"，不能简单视为学生的"自悟"，而是要通过教师想方设法去启发，从而激发学生的"悟性"。要想解决好这个问题，教师需要做到以下几点：①找到新旧知识之间的结合点，并厘清其相互作用的过程。②实质性分析学生自身条件。很多教师平时对备课"备学生"的要求比较松散，对如何"备"、"备"什么，没有明确的行为要求，所以一般只做简单了解，或者只是对整个年级的一般特征了解。实质性分析不仅要求教师考虑学生原有的知识状况，还要考虑学生的学习动机和学习习惯等。③恰当引入教学媒体。如辅助教材呈现、使用直观教具、准备提问和反馈方式等。

陈述性知识的学习目的是贮存和提取，而学习掌握的关键是总结，此类知识的教学设计要围绕知识理解这个核心，通过意义理解进行总结、归纳，就能帮助学生形成良好的认知结构。

2. 程序性知识

程序性知识，是有关"怎么办"的知识。如要学生对一些相关事物做分类，让学生修改病句等。学生能通过学习，顺利而正确地解决问题，就说明掌握了相应的知识。

程序性知识其实大多涉及对概念和规则的应用，这一类知识的教学设计的关键点，就是要引导学生把对陈述性知识的记忆转化为对程序性知识的应用，也就是怎样把头脑中的命题知识快速正确地转化为技能，从而实现由静到动、由描述到应用、由贮存到转换、由缓慢再现到自动激活。其实，很多教师在做此类知识的教学设计时，就已经具备了培养和训练的意识，只是缺少了对此项内容的周密分析和步骤排列，这样一来，学生很难全面实现上述发展。在集体教学中，这一点更容易被忽视。

程序性知识的教学设计重点是提升学生概念和规则应用的能力。检验能力的标准，就是在学习了概念与规则之后，是否可以进行灵活的运算和操作。也可以用事物分类来解释各种相关联的现象，通过结果，可以了解掌握程序性知识的程度。

进行程序性知识的教学需要有充分的练习。教师在进行练习设计时，一定要注意正反例的设计。正例呈现对概括和迁移有帮助，注意不要泛化。反例呈现对辨别有帮助，使概念掌握更精确。同时规则也有正反例，也要适当做一些练习，以此帮助学生在新环境下快速将新学的规则加以应用，逐渐做到相关条件一出现，就能自动产生反应。程序性知识的教学系列是比较长的，因此应该先考虑练习中部分与整体的关系，以及练习时间的分散与集中，要注意练习的次序应该是先练习局部技能，然后再进行整体练习。受各种情况的影响，现在的学生负担过重，需要记忆的知识过多，无法保证有充足的时间进行技能训练，这就给程序性知识的教学设计带来了困难。而如果训练时间不足，还要靠教师的智慧，所以，在课堂教学中要做好讲授与练习的时间分配。

3. 策略性知识

策略性知识，就是回答"怎么办"的知识，其处理对象是个人自身的认知，也就是自身调控认知活动的知识。面对这样的问题，学生在具备陈述性知识的条件下，有的就显得聪明灵活，应变能力突出；有的则显得笨拙，应变能力缺乏。产生这种差异的原因是对策略性知识的掌握程度不同。策略性知识可以分为两级：

（1）一般性学习活动的策略知识为较低级，包括记忆和提取策略以及控制与调节策略。

（2）创造思维策略知识为较高级，是一个比较复杂的推理过程，很难程式化，受人、时间、内容等影响，目前尚未有明确的分类。

明确策略性知识的特点，根据它的特点进行教学设计，就要解决以下三个问题：

（1）教材问题。传统教材并没有把策略性知识的训练作为一个明确目标，缺乏相应内容的突出体现。

（2）教师问题。由于教材内容的空白，所以教师也一样缺乏策略教学这方面的知识和训练，也就很难向学生去解释策略。其实策略活动本质上是一种内隐的思维活动，怎样把这种内隐的思维活动呈现出来，并且指导学生仿效，这就需要教师认真考量。

（3）学生问题。学生的认知策略对策略性知识的教学具有很大影响。所以加强学生认知策略的训练，是相关教学设计的一个重中之重。如，通过提问影响并且调控学生的注意力，逐步实现由外界调控转变为自我调控；教会学生做笔记的方法；教会学生组织与意义加工知识的步骤，便于回忆，促进技能提升。

第三节 设计的辅助

　　媒体指从信息的源头到接受者之间所采用的传递信息的物质工具。

　　教学媒体，就是在教学过程中，师生间传递教学内容信息所使用的媒介物，是众多教学辅助材料的总称。

　　现在，教学媒体在教学中的作用和地位越来越重要，也非常受教师的重视。传统教学的口耳直接传授模式已经远远落后现代教育的要求。如果我们到传统文化中找信息，那就是"善假于物"的思想，这就是媒介物的起源。"假舆马者，非利足也，而致千里；假舟楫者，非能水也，而绝江河。""登高而招，臂非加长也，而见者远；顺风而呼，声非加疾也，而闻者彰。"媒体就如同人体的延伸，面对面交流体现的是五官的直接功能，印刷品如同眼睛的延伸，广播是耳朵的延伸，电视机等视频媒体就是耳朵和眼睛的同时延伸。教学媒体可以帮助学生提升观察事物的能力，并可以大幅度增强学生对信息和经验的接收能力。

一、教学媒体对学习的调动

运用媒体，可以通过各媒体所具备的特有功能，达到知识传导的最佳效果。这需要我们去了解媒体具有的以下特性。

1. 媒体对感官的刺激

课堂教学活动大多数是面对面的交流，多种感官参与其中，具有许多优越性，学生可以听到老师的声音，看到老师的表情和行为动作，还能感受到环境中的气氛。单一媒体也具备集中注意力于一种感官上的好处。课堂上，学生充分调动听觉或视觉专注于听或集中阅读，这样或许会产生特别的学习效果。如果引入教学多媒体，调动两种感官，使其所传递的信息内容互相关联，这样更能强化学习，大部分情况下，这可能会是一种更好选择。如，教师详细解读复杂画面内容，或口述抽象概念时，通过画面内容提供具体的形象，都会收到良好效果。

借助教学媒体，充分调动多种感官，多渠化传递信息，能加强学生的知识感知度，提高学生的知识吸收率，还有助于学生对知识的记忆、理解和应用，也加快了知识向能力的转化过程。

2. 媒体表达能力

教学媒体是相关学习资料的记录、固定、保存与再生，带给学生的是间接经验。媒体设备可以较好地控制传播速度，这样使学习更高效。如录音机、电影、电视基本都可以实现快放、慢放和重放，并且电影、电视还能有慢镜头以及静止画面。这些设备可以对教学中出现的抽象内容，给予形象化的提示。教学媒体具有很强的表现力和感染力，容易激起学生的感情反应，从而激发兴趣并吸引注意力，而且面对呈现的材料进行学习讨论，学生从情感上和行动上也会更加积极地参与教学活动。

二、教学媒体的沿革

在现代化的进程中，传统的教学手段依然存在。自然主义和经验主义在学校教学中依然有很大影响。传统的课堂教学是集体听讲传授。因为教学媒体的缺乏，讲授以及学习效果均受影响。只有认识并适应新媒体的变化，才能适应更多的现代教学行为。教学媒体的不断革新同样会带动教学模式的变革。

教学模式的变化，首先表现了一种继承，每一种新模式的出现都离不开原有成分，当然更多地反映了教育的进步。这也在告诉我们，不管是现代的还是传统的，所有教学媒体，全部具有不可忽视的地位和意义。

古老的口耳相传的教学模式，现在依然有一定生命力，不可全废。这种方式有以下几个特点：简便，丰富，快捷，通俗，易反馈。

文字材料也是比较传统的，这种方式的教学功效同样不能轻视，它有以下几个特点：贮存时间长，传播范围广，便于自学，记忆性强。

教师借助音像等媒体多方面向学生传递知识信息，这种方式有以下几个特点：易理解和掌握；能激发兴趣，集中注意力；架设理论与实际联系的通道；提升学生思维能力。

通过以上分析可以看出，教学媒体推动了教学过程的变革；通过比较，我们知道变革的中心在于对学生各功能的充分利用上。

在传统教学中，学生在书本知识的学习上花了大量工夫，信息传递模式单一——文字或数字符号单通道。因而，大脑中只有局部区域会有良好的发育拓展。现在，广泛使用多种媒体组织教学，使学生的手、脑、眼、耳参与其中。全方位调动感官的整体积极性，不仅加快教学进度，提升学习效果，同时带给学生更多、更新的感官刺激，使学生大脑的其他区域也能得到发育拓展，促进了创造思维的逐渐形成发展。新媒体能通过幻灯片、影视等手段呈现事物的形象，展现事物发展过程，为教学提供了充足的感性材料；通过电影、电视再现各种情境，能帮助学生充分感知。教学实践也证明，教学感知越充分越好，教学感知越充分，知识形成的脉络越清晰，学习和记忆效果就越好。

美国心理学家曾指出，学习者接触各种不同学习材料的先后顺序，对于完成学习任务具有直接的影响。教学应该通过对经验的呈现（如用图片、电影）以及通过符号的表现（如文字），从直接学习入手。美国教育家埃德加·戴尔认为，当学习是由直接到间接、由具体到抽象时，获得知识和技能就比较容易。他向人们提出了对于教与学非常有启发的"经验之塔"，直观显示了知识获取结构的每个部分，并且给出了支持这部分教学的适合媒体，让我们更清楚地认识和理解各种教学媒体的意义。

然后我们用戴尔的"经验之塔"原理来分析我国的学校教育，可以得出，我国学校教育大多停留在"塔尖之舞"，表演场地都在第 10～11 级上。而塔基及塔中部位的教学缺失严重。教师给予的基本是符号的、高度抽象的经验，学生的学习重心主要是机械记忆，学生要理解知识，要求具备很强的推理能力，也要有高度悟性。这种教学模式极易产生两极分化，一方面尖子生取得较高成就，另一方面相当多的学生被淘汰，大面积提高教学质量的素质教育目标难以达成。这种塔尖式教学模式，也催生出一些以悟性好的学生为主体的"重点中学"；这些学生都具有极为适应言语符号、视觉符号教学的特点。

要改变这种教学状况，首要问题就是解决教学媒体的提供。教师们根本没有更多教学媒体可选，教学中选用某一单一媒体，考虑的往往不是这种媒体的适应性，而是因为受时间和地域限制，只有这种媒体可选，也就只能因陋就简。

三、各种教学媒体

1. 语言媒体

在现实学校教育中，语言媒体依然被认为是最重要的传播媒体，它可以系统传递知识，并表达较为复杂的概念。其功能有：

（1）符号功能，语言是实物、现象的符号。

（2）促进思维功能发展，能形成并概括概念，扩大认识范围，提高认识能力。

（3）交流、传播功能。

其局限性是比较抽象，常需要老师加以手势、表情、体态等去辅助表达。口头语言交流受距离限制，传播范围有限，且转瞬即逝，时效性不强，难以保存，很难长时间吸引学生的注意力，无法保证学习效果。

音频信息在传播中的各环节，造成信息损失的可能性极大。教师教学所用的语言以及描述方法，如果和学生的文化及记忆不适应，就必然会造成信息损失。老师如果词不达意，也影响传播准确性。传播声音要适中，太大或太小都会引起学生的听力困难或听觉疲劳，分散注意力。如果学生听觉分析技能缺乏，也可能影响语言媒体的传播效果。因此我们可以得出一个结论，语言媒体是传播中消耗最大的媒体，特别是在集体教学过程中更是如此。

2. 文字媒体

文字与语言相关联，是形象、书写的语言符号，和语言具有同样功能。教学中主要以印刷品板书的形式呈现。因此，教师的书写能力也很重要。文字与口头语言相比较，显得更为抽象。

（1）印刷品。印刷品可以大量复制、储存并广泛传播信息，教科书等纸质书是学校教学的重要媒体。学生向教师学习，同样也在向书本学习，信息的来源、渠道得到了扩展。

在教学中，印刷品的优势有以下几点：

①为学生按照自定步调学习提供了参考。可以按照不同的方式对课程材料进行设计，个别教学或自学都很方便。

②使用方便。阅读不受时间地点限制。学生阅读方式灵活，可自由选择，随意浏览，从容研读，还可以在材料上做标记，方便理解。

③易于分类、保存、修改、分发。

④印刷品的出版发行，会经过严格审订，水平一般较高，有很强的学术性，而且信息量大。

印刷品的局限性是：制作周期较长，不能及时迅速传播信息；运动的画面难以表达；因文字是其表达手法，所以抽象程度较高，对学生知识水平有一定要求。

（2）板书。黑板是课堂教学中最常见的传递文字信息的工具，可以很方便快捷地展示视觉材料。

教师要从各角度全面检查黑板的可见性，排除反光点。板书要工整，字迹要清晰，板书字高以 10 厘米为宜，行间距至少为 3 厘米。

作图时，要计划好图形的位置和大小，既要突出图，又要留下必要说明的书写空间。

板书要与教学内容密切相关，主要写出所讲授知识的摘要与大纲；可以写出术语、关键词语、定义并绘制图表、示意图；也可写出习题以及解析，指出课文中心思想。

板书要注意次序、疏密、色彩。教师要及时抹去不需要的图文，这样能增强学生的学习兴趣。板书还可以配合其他视觉教具使用。需要特别指出的是，教师不宜用过多的时间在黑板上书写、画图，这样课堂教学易出现空白期，引起学生不耐烦情绪，甚至会出现破坏课堂纪律的现象。

板书的类型分为两种。一种通常写在黑板正中，称为正板书。教师会在备课中精心设计正板书，它基本属于教案的一部分。正板书的内容是教师事先对教学内容进行的高度概括，是简明扼要地反映教学内容的书面语言。另一种通常写在黑板的两侧，称为副板书。在教学过程中，副板书一般是由于学生听不清或听不懂而做的补充说明，也可以是对正板书的补充或注解。

板书是强化课堂语言效果的一种手段。优秀的板书能更好地揭示教学内容，形象体现结构以及教学程序，辅助学生听得更清楚、更准确，帮助学生知识理解得更迅速、更正确，同样也可以让学生记得更牢固、更持久，还能引导和调节学生的思路。

板书的基本格式有以下几种：

①提纲式。这种形式就是对一节课所教授的内容，通过仔细分析与综合，归纳出教学重点，按顺序简洁地反映在板书中。

②表格式。这种形式适用于对概念或近似内容进行归类、对比，从而分辨出异同及联系。

③图示式。图示式板书就是采用文字、线条、数字、框图等来揭示知识点之间的联系，有利于将分散的知识加以整理归类，或对某知识相关内容作出提示，厘清知识要素和要素中的联系。

④综合式。综合式板书有利于将知识内容综合地反映出来，也能把一些零散或孤立的知识经过一系列的整理，使其"串联"和"并联"起来，形成简约且更加系统的知识网络。

板书设计要结合教材内容和教学目的，要具备启发性、条理性、简洁性，同时不要忽视文字、语言的示范性。

3.图表媒体

图表媒体，指教学视觉材料，不通过投影就能直接观看，主要有图画、图示材料、模型与实物教具等。这也是教学中的常用媒体。

（1）图画。主要是照片以及各种插图等。图画多出现在认知目标的教学中，可用来引导对有关知识的认识、比较和鉴别。多用于激发表达和看图作文的教学中。

图画使用要注意：适当给出一些提示，用以强调图画中包含的重要信息，或提示观察的角度。除作对比外，一个时刻最好只呈现一幅画面，并且要及时收起来，切勿将大批量的画面暴露在学生的视线内，以免分散注意力。

（2）图示材料。指的是二维的、专门用来传递信息的材料，通常含有文字和符号，以作为学生的视觉提示。图示材料基本要靠教师自制，属于教师基本功的一种。教学中常用的图示材料有：

①绘画。包括简略图以及设计图，主要用线条的组合来表示人物、地点、事物和事件。简略图不呈现细节而突出教学重点，更便于学生接受。教师根据教学内容所绘的画是一种有效的教学工具，可把它们呈现在黑板上或其他平面上。

②图表。教材和其他材料中经常出现图表。常用的有：

结构图。表示某组织内部关系，体现人物与人物之间的关系。

分类图。主要表示对物体、事物或者种系分类。

时间线。用于表示事件发生的年代关系。最常用的是著名人物与这些事件的关系。

表格图。它会包含很多信息和数据，如时间信息，还可以进行对照和比较。

流程图。多表示一种顺序、程序或者隐含的"流动"的过程，表明不同的活动、成分、程序合并为一个整体的过程。

③图解。图解是对多个数据进行的形象化的表示，可以明显给出数据之间的关系和变化趋向。图解视觉趣味充足，也容易说明问题。主要形式有：

条带图。条带图只表示一维变量，属于单标尺的图。通常由能反映数据的垂直条带组成，条高表示数据的大小，要注意各个条宽统一，以免混淆。

象形图。它用一系列简单图画来表示量值的不同。这种图视觉趣味足，对学生吸引力很大。

圆形图。这种图就是把一个整圆分成几块扇形，用每一块代表整体的一个部分，能直观看出部分与整体的关系。

曲线图。它以直角坐标的轴为基准，一个纵坐标的值和一个横坐标的值可以确定图中一个对应的点，再用线把这些点连起来。这种图能很直观地看出数据的变化趋势。

(3) 模型和实物教具。顾名思义，模型就是根据实物做出的一种三维代替物。

4. 幻灯和投影媒体

幻灯和投影媒体，是较为流行且直观的教学媒体。它容易掌握且制作简单，成本控制较为低廉，并具有抽象变为具体、虚幻变为现实、微小变为庞大、零整互相转化等功效。有助于教学重点、难点的解决，还能弥补教材和讲课中的不足，对学生理解和掌握知识有较大帮助。

幻灯和投影媒体有很多教学作用，如用来解释字词、分析句子、剖析段落篇章等。

教学中利用幻灯和投影媒体的基本方法有以下几种：

(1) 图片讲授。通过呈现图形片或文字片来讲授知识，呈现问题与答案，表示新旧知识的联系，还可以在投影片上显示教学关键点。

(2) 分步显示。教师按教学需求顺序显示教学内容，讲解与放映相配合，通过由浅入深、由简到繁、由表及里、由局部到整体的展示，引导学生去认识事物，掌握知识。还可以采用忽隐忽现的闪示手法，引导学生将注意力集中于某一知识点上。

(3) 声画同步。在放映图片的同时，老师或用录音机配以语言解说，或播放相关的音频，做到声画并茂，让图画活起来，这样能加强学生的心理感知。

（4）示动效果。幻灯片具有简约、科学、艺术等特点，我们可以充分利用其特点，以达到位置变化或流动的视觉效果，让讲授形象化起来，从而得到比较满意的教学效果。

幻灯和投影教学媒体有许多优点，但也有其局限性。如画面播放有间隔，所以活动性差、连续性差；对客观事物再现的真实度比不上影视手段，这些也是需要想办法去弥补的。

在幻灯和投影媒体的操作中，要注意以下细节：

①课前做好准备以及放映设备的检查工作。

②熟练掌握操作流程，并且做好调试工作以保证图像清晰、端正地出现在银幕上。

③放映中停留时间得当，要保证学生看清内容、教师讲透知识，停留时间一般在 20 ~ 40 秒之间。

④画面上的字力求醒目，每页一般写 4 ~ 5 行，每行以 5 ~ 8 字为宜。字体、色彩、线条粗细、字符的大小，都要保证学生能清晰地感知对象。

5. 影视媒体

影视媒体，视听觉齐备，可以展示更多的教学信息，使学生有更长的记忆保持率，帮助学生获得更好的学习效果。

影视媒体包括电影、电视等。由于它图像鲜明生动、直观形象，加上适当的语言配合，可充分表达教学内容，能在激发学生学习兴趣和集中注意力等方面起到良好作用，能有效促进学生加深知识理解和增强记忆。

（1）电影。教学内容如果和认识、鉴别活动变化以及模仿运动技能有关，那电影对其教学有着特殊的效果。

电影技术可以实现下列目的：①定向控制；②空间变换；③时间压缩；④时间扩展；⑤展现事物形象；⑥画面静止。

其教学优点有：①能展现"活动"，动态地表现或叙述概念，便于学习过程的流畅进行；②能更有效地表现过程；③技能示范可重复；④将事件与情节戏剧化，帮助学生理解与欣赏；⑤具有强烈的情感效果；⑥提供教学情境，有利于问题提出；⑦有更多引导学生注意力集中于教学内容的技术，如特写、定格等。

（2）电视。其功能有：①能够演示实验或实验情境；②能够证明动态变化以及运动原理；③通过展现实物模型说明抽象原理；④可通过慢镜头、快镜头、画面静止来表达内容；⑤可以代替现场参观，提供充足案例、学习材料；⑥可以演示决策过程；⑦能有效引起学生态度和情感变化。

要想有效地使用电视作为教学媒体，教师要注意以下问题：①先了解节目内容，做出准确评价，并给学生准备指导材料；②让学生明确学习目标，展示收看节目后要完成的作业，使学生观看节目时将注意力集中在要点上；③当学生收看节目时，教师也要参加进去，不能用电视代替教学管理；④收看节目的同时，教师要发挥引导作用，帮助学生理解概念并了解节目所规定的内容；⑤密切观察学生观看节目时的表现，记下学生表现，为下一阶段教学活动的准备作参考；⑥收看之后，要及时测试学生对知识的记忆和理解情况，进而巩固知识并加强记忆。

6. 多媒体系统

在教学过程中，不同的媒体运用所表现的功能也不相同，各有其适应性，也各有其局限性，而一种媒体的局限性往往能够通过应用其他媒体的适应性来加以弥补。所以，将各种媒体有机结合起来，充分发挥各媒体的优点，扬长避短，互做补充，这是优化教学的必由之路。将多种教学媒体有机组合在一起，使之成为整体系统，即多媒体系统。

多媒体系统中媒体的组合形式不固定，现在基本包括有声幻灯、多图像系统、多媒体学习包、多媒体计算机等形式。

其中的多媒体计算机是计算机技术与声像技术相结合的产物，是指把声音、文本、音乐、图形、动画、静止图像、活动图像等多种信息通过计算机进行数字化集成处理，对信息进行采集、加工、编辑、储存和展示的技术。计算机具备以下特征：

（1）集成性。计算机多媒体系统要实现把多种媒体整合在整体结构程序中，然后通过对各种信息进行加工、处理，最后综合地展示出来。教学过程中，它要比用多种媒体分别呈现信息的方式简单很多，因为计算机系统集信息源、信息管理和信息传递功能于一体，整合了信息结构并改善了表达方法，能把人的各种感官全部调动起来，全面准确获取知识信息。

（2）交互式与实时性。计算机多媒体系统和单向媒体大不相同，它可以使师生间适时进行相互的通信和交流，不像电影电视、广播那样只能被动地接受。计算机多媒体系统可以实现主动的交流和接受。

计算机多媒体正广泛地应用于学校教学之中，并已发展出很多不同的教学模式。主要包括课堂教学模式、小组合作互相学习模式、个别化特定学习模式以及开放性学习模式、网络学习模式和虚拟现实教学模式等。由此可见，多媒体技术指引着未来教学媒体的发展方向，未来将有更多、功能更为强大的多媒体计算机进入教学领域。

第五章

课堂效率提升

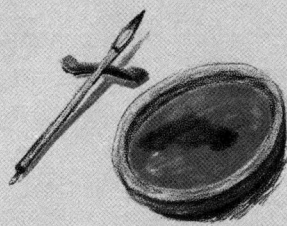

第一节 提升因素

一、课堂结构优化

课堂结构是课堂教学的组织形式，也是课堂教学的宏观体现。其合理与否会直接关系到教学效率的高低。

二、教学方法优化

现代教育，提倡启发式教学，反对注入性的填鸭式教学。首先，应该熟练掌握"一法为主，多法配合"的综合教学法。其次，把握好课堂教学"三度"：一是传授知识的精度，二是信息交流的速度，三是组织教学的灵活度。

三、教学内容优化

教学内容通过教学计划、课程标准和教材三种形式表现。教学内容选择合理与否，将直接关系课堂教学效果。首先，需要结合实际，改进教材结构。教学过程就是通过师生努力，将教材呈现出的知识结构转化为学生的认知结构的过程。因此，根据实际情况，有时候需要教师通过分析教材，对其知识内容与结构进行重组、沟通、再创造。其次，优化例题教学。一是通过对例题进行变式以实现题目发散化，达到举一反三、触类旁通的目的；二是通过对例题的细致剖析，将例题代表的此类题目的解题规律揭示出来；三是要在练习设计上下功夫。注意习题的两个维度：难度和高度，实现循序渐进地掌握知识技能的目的。

四、师生关系优化

教学只有师生形成合力，把教师主导性与学生主体性有机结合并且协调起来，才能收获最好的教学效果。所以，师生应共同努力，做好以下几点：①教师在备课上投入精力与时间，使课堂结构更加合理，以迅速触发学生的兴趣，尽快进入学习角色；②师生合力打造和谐的民主气氛，形成各抒己见、相互讨论的良好氛围；③教师善于利用情感联系，构建生态化师生关系，即注意留心学生多方面的问题，并且适时表示关心、爱护，从而加深师生情感，并把这种良性互动迁移到教学上来，提升教学效率。

五、提高教学效率六法

1. 目标明确、具体

要分析教学内容、各个知识点，准确把握每一个要求的区分度，再结合知识的完整性，从而得出每一节课明确的、具体的教学目标。

2. 抓住知识联系，组合教学内容

找到教学内容的铺垫知识，引导学生借助旧知识的回忆，积极主动地探索新知识，自然进入新知识的学习。

3.调动学生的学习积极性

为了激发学生的学习兴趣和求知欲，教师可以采用以下手段：①教师做激趣性讲话，激发学生的求知欲，最大限度地调动学生学习的积极性；②教师讲生动有趣、富有教育意义的小故事，激发学生的求知热情；③教师通过表扬、鼓励等方式，让学生获得成功的体验，最大限度地调动学生学习的积极性。

4.练习设计多样化、层次化

练习设计要紧扣教材、加强"双基"、能揭示知识关键、有利于突破难点为基本原则。还要注意难易层次，通过循序渐进的练习去培养学生思维的多向性、灵活性、敏捷性和独创性。

5.做好及时效果反馈，适时调整课堂教学

效果反馈要及时、全面，不仅要关注优等生，而且要特别注意学习上的后进生，要多关心他们，努力帮助他们减少或消除对所学知识的疑惑。后进生转变的关键是帮助他们重新建立并增强学习的信心。

6.重视学生情感沟通

教师作为课堂教学的组织管理者，需要明白学生心里好老师的标准，那就是有较高威望、热爱学生、尊重学生人格、严格但不严厉。这样师生交心，逐渐达到情感交融，心理同步，教学效率自然会有所提高。

第二节　教师主导

一、发挥教师的主导作用

在教学过程中，教师应充分发挥以下"三导"作用：

1. 引导作用

引导就是指引导向，也可以称为诱导。在启发式教学中，引导是常用的手段，"施教贵在引导"。无论是新知导入，还是新问题、新的思路方法等的引出，教师都需要根据学生实际，找出最适合的方法来进行引导，尽快地让学生走上"正路"。首先要设疑引趣，创设贴近生活的情境，激起学生的学习兴趣，强化学生求知欲，这也是教师主导作用发挥的关键点。其次就是要善于提出问题，并熟悉问题，接着引导学生分析问题，起到启迪智慧、提升思维能力的目的。

2. 疏导作用

疏导也就是疏通开导，还被称为点拨。当学生在学习过程中"卡壳"时，教师如果及时施以援手，对学生进行画龙点睛般的疏导，便架设了一个解题台阶，往往会化难为易，让学生有茅塞顿开之感。教师在疏导的时候，一定要热情、灵活多变、方法多样。教师尊重自己的职业，用满腔热忱对待学生，学生受到教师热情感染，思维可以活跃起来，这也就"提高了教育的相容度"。

3. 指导作用

指导就是指点疏导。现代教学观有"教学的真正含义是教师教学生如何'学'"的认识，教师要指导学生如何去学习，也就是教师帮学生找到打开知识大门的钥匙，让学生自己打开大门进入知识殿堂去探索。教师要采用正确方法组织学生去学习，帮助学生掌握知识并能内化达到灵活运用的程度。教师要了解学生，做到因材施教、因势利导，不能越俎代庖直接告诉学生答案。教师一定要让学生经历动脑思考的阶段，让他们自己动手去摸索、去实践，只有当学生遇到困难的时候，教师再从侧面给学生启发指点。要让学生明白自身特点，发挥自己的特点，总结出适合自己的学习方法，从而真正学会怎样去学习。总之，要做到"善教者，善导"。

二、教师多讲的心理因素

在课堂教学中，教师多讲影响到教学效益。从教师心理讲，产生这一现象主要有以下四个原因：

1. 怀疑心理

受传统教育思想的影响，有些教师过分强调自己的"主导"作用，而忽视学生的"主体"作用。他们只相信教师"讲课"的功能，不相信学生自学的能力。他们认为只有讲得多、讲得深、讲得透，学生才能学得多、学得深、学得好，常说的就是"多讲总比少讲好"。特别是在教一些难度比较大的知识点时，这些教师更不愿相信学生自身有探索、发现和解决问题的能力。这就是典型的怀疑心理在教师头脑中的体现。

2. 害怕心理

一怕讲少了学生的学习成绩提不高，考不好；二怕讲少了，领导听课通不过。就当前情况而言，第二"怕"更为严重。一位教师采用自学辅导方法，让学生在自学、讨论、质疑、尝试练习和总结规律中获得知识，这本来是改革课堂教学的尝试。但领导评课时却横加指责，说教师没有充分利用好课堂教学时间，没有讲深、讲透，这样的讲授反映了教师的水平不高，态度不好。如此不公正的评价，怎能不使教师产生害怕心理而放弃尝试先进的教学法呢？

3. 急躁心理

有的教师怕耽误时间，直截了当地给学生讲课，直接把结论告诉学生。结果教师花了很大的力气，学生却不能很好地掌握，直到下课铃响还没有掌握一道题，只好把全部作业都移到课外去做。这是一种急躁和急于求成的心理因素。

4. 懈怠心理

有的教师缺乏事业心和责任感，既没有虚心学习、钻研业务、不断上进的强烈愿望，也没有研究采用新的教学方法。这种不求上进的懈怠心理，是导致教师多讲的因素之一。

要想克服课堂上多讲的现象，教师首先要转变自己的教学观念，要明白教师的"教"是为了学生的"学"，"教"应该服务于"学"，也就是叶圣陶先生所说的"教是为了不教"；同时，教师还要多掌握一些能够产生良好效果的教学方法，以避免乏味单一的讲解方式。

第三节　方法展示

一、提升学生"满意感"九法

教师想让学生提升对自己的"满意感"，课堂教学应做到以下九点：

（1）要充分满足各层次学生的求知需要。

（2）要争取使学生保持新鲜感。

（3）要在讲解关键内容时投入更多的精力与时间。

（4）教学要适度，要贴合学生的实际水平、原有知识水平及学习方法水平，打造学生学习新知的基础。

（5）要给学生留有回味。

（6）要充分运用活动、多媒体手段，增强学生的感性知识。

（7）要声情并茂，提高讲授的艺术水平。

（8）要板书明快、书写规范、简洁。

（9）要实事求是，谦虚诚恳。

二、教学效率提升的关键

（一）影响学习的因素以及教学低效的四种表现

1. 影响学习的因素

（1）准备度。就是学生已经具备的知识结构、能力、方法的综合。要使学习行为顺利形成，就要有一定的身心发展基础，这就是"准备度"。在很大程度上，它受生理发育与神经系统的成熟程度的影响，需要身心成熟到一定阶段之后再进行教育。不过，还有人提倡促进发展试验，就是别坐等成熟，而是逐渐开始学习，在教育过程中使其能动地形成准备度。

（2）动机。"动机"是唤起学生行为并产生一定方向导向的原动力，分为外部动机和内部动机。在外部动机中，赏罚称得上是最有力的动机，而反馈、竞赛和协作可以激发动机，也是可以促进学习的方法；在内部动机中，正确的学习习惯和适度提出要求，都是激发动机必要而有效的方法。

（3）情绪。学习情绪的变化对学习影响极大，研究表明，在喜悦心情下学习比在不悦心情下学习要有效得多。因此，老师要教会学生调控情绪状态，逐渐形成"不以物喜，不以己悲"的精神状态和境界。对教师而言，在教学中要追求愉快教育的艺术和方法。

（4）学习迁移。以前学过的知识对学习新知识所产生的影响，叫作"学习迁移"。旧知识促进新知识的学习叫作"正迁移"；反之，就叫作"负迁移"。学习迁移能通过针对性的训练得到强化，发挥其正面作用。其实许多发明和创造都从这里开启。

（5）环境。环境对学习的影响力有以下几个因素：①温度与湿度。适于心智作用的最佳温度是13℃～18℃，可容许幅度是6℃～21℃。否则，就不一定能保证学习效果，因为温度左右心情的变化。②亮度与色彩。学习需要的亮度一般在50～100勒克斯之间，超过这个范围就会妨碍学习。而黑板、天花板、墙壁等物品的色彩同样影响情绪。③噪声。当周围的环境中存在干扰学生学习的噪声时，其学习效率也将大打折扣。

2. 教学低效的表现

（1）补课盛行。不经教育行政领导部门批准就任意无限制全体补课，是违规行为，会大大加重学生课业负担。

有人认为，就是为了给学生多讲几遍，多讲一点，这能有什么坏处呢？其实不然。且不说，随意补课加重课业负担，同样也影响学生身心健康；从信息论来看，学生已经知道的知识，如果强制性反复出现，最终会成为干扰信息，不仅不利于知识的巩固加深，反而会起到破坏知识掌握的作用。可以看出，任意加课有害而无益，这是教学工作安排不合理造成的资源浪费。

（2）练习泛滥。练习是巩固知识的有效手段之一。学生学习新知之后，通过适量的练习，完成知识与能力的转化，这是必要的教学过程。但是，练习量必须适当、切实。教师要根据教学内容和学生掌握程度，找到练习最佳量。

首先，练习要有针对性。老师要根据学生的薄弱点来安排练什么，学生已经熟练掌握的则无须再练，最多偶尔安排做一些复习巩固性练习即可。

其次，练习要有典型性。老师要选取有代表性的练习题，力求精练，收到以一当十、以少胜多的效果。我们不可忽视"报酬递减"规律。心理学研究表明，第二次重复练习，识记效果提升 18%；第三次重复练习，识记效果就只提高 7.5%；第四次重复学习，效果归零了。这说明，通常重复练习到第四次以后就属于无效练习了。可见，练习越多越好是错误的。

（3）追求形式。形式要为内容服务，这是放之四海而皆准的道理。课堂教学中，教学形式的选取，需要考虑教学内容的需要以及学生的实际水平。但是，也有人一味地追求形式，从不考虑教学需要和学生实际，这样即使再好的教学形式，也收不到好的效果，从而造成了时间和精力的浪费。

比如，在讲授一篇课文时，要不要介绍作者，以及作品的时代背景等相关的内容，这些都应该按教学的需要做判断。如果课文的作者是有一定地位和影响力的人物，学生必须对他有所了解，那么自然应该适当介绍。学生如果不了解作品的时代背景，就很难理解课文内容，那就需要适当地介绍一些相关情况。

(4) 不善设计。一篇课文应该怎样教学，怎样做才能使学生乐于接受、便于接受和易于接受，都要以教学内容和学生水平这两方面为基础，精心做出合适的设计。如何编排组合一系列的教学行动，怎样进行衔接过渡，怎样安排内容的详略，怎样安排讲和练等，都离不开教师的精心思考和反复斟酌，最终确定教学的方案。教学实践证明，经过精心设计的教学方案在课堂教学中实施，可以深入浅出，化难为简，举重若轻，并获得理想的教学效果。

教学设计如此重要，却有很多人缺乏正确的认识，讲课喜欢逐句逐段去串讲。诚然，串讲是语文教学的基本手法之一，不能简单地一概否定。可是也不能不加区别地一概运用串讲。遇到那些深奥难懂的课文，不串讲某些重点段落和重点词句，学生就很能理解时，串讲自然是最佳的教学方法；如果不是这样的情况，不管课文如何，一律采用串讲的形式，那是很不恰当的。

正常说来，学习本民族的语言，起点大多不是"零"。对一篇课文，学生基本不可能完全不懂，只是对其中的某些有困难的词句或段落不能完全理解，或者只能理解课文的内容或形式的某些方面。因此，教师只要讲解这些难点，就可以很好完成教学任务。

（二）精讲

精讲，即以完成教学任务为依据，结合学生实际，选取科学、艺术的教学方法，做出适度的、精练的讲解。

精讲为高效完成教学任务提供了保障。只有通过精讲才能短时、高品质地完成教学任务，也才能有充足的时间让学生在课堂上进行充分的能力训练，及时高效地把知识转化为技能和能力。

精讲对教师提出更高要求，需要认真锤炼教学艺术，力求教学语言达到最准确、最通俗、最生动、最简洁，把课讲得清楚、明白。想做到精讲，教师须要言不烦，善于一语中的，还要做好教学过程的浓缩。教师深入钻研教材，充分了解学生，潜心掌握教学方法，才能更好地把握那些难懂的或比较复杂的问题，从而实现精讲，用最通俗、最精练、最鲜明的语言，用较短的时间讲明白。

（1）讲授精华，即教学中心放在精要部分的讲授上。课堂上，教师要抓住精要，讲精要的词句、讲精要的段落、讲精要的情节。

（2）浓缩教学内容，即"精思"和"巧授"。"精思"指的是备课时要深想、多想，掌握全局，把控教学主线，去粗取精以简驭繁。"巧授"即巧妙选择、设计教学方法，妙的设计，能一举多得，事半功倍。坚持"精思"加"巧授"一定能取得浓缩教学内容的成功。

精讲要追求科学性与艺术性，因为科学的讲授能准确无误，艺术的讲授能化繁为简。

（三）精练

精练，即以完成教学任务为依据，结合学生实际，选取科学、艺术的训练措施，做典型、精要的适量练习。

精练可以减轻学生的负担，精准提升教学质量。把学生从题海中解放出来，留出大量阅读时间，去读自己喜欢的书，深入思考自己的问题。精练可以减少重复性的无效作业，提升学生的学习主动性，让学生感受到学习带来的乐趣。

1. 精练可以从这两方面着手

（1）精心设计，选取实效好、效率高的典例，使学生解决代表性、针对性的问题，一举多得、以简驭繁。

（2）精心指导，努力使练习高效。教师要多动脑子做好各方面准备，深入思考学生需要指导的内容和指导的方法。

2. 精讲、精练是课堂教学高效率的关键，在实施过程中需要做到以下四点

（1）内容精要。即抓住教学内容的精华和要点，设计针对性强的讲和练。

（2）方法精巧。即抓住科学性与艺术性，讲的重点在于化繁为简，练的重点在于触类旁通。

（3）语言精练。讲解的语言和练习的指导，都要做到一语中的、简明扼要。

（4）适度适量。即讲和练都要考虑学生实际水平，做到适度、适量。

在实际的课堂教学中，讲和练是不可分割的整体，讲和练相融，经常是时讲时练、边讲边练、讲练结合。教师要理解"精"字，抓住"讲""练"，方有教学高效率的生成。

第六章

教学过程优化

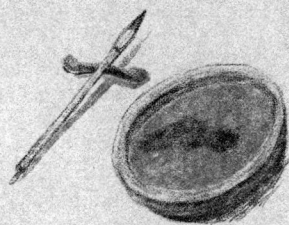

第一节　优化样式

一、成功教学三要素

1. 以学生为起点

课堂教学的起点究竟是什么？传统教学提倡以课本作为起点，现代教学提倡以学生作为起点。以学生为对象的教学，会以学生的发展为落脚点，即一切课堂教学活动的中心就是为了学生。教师对以学生为起点的教学了解得越透彻，其教学也就越能满足学生的需要。那么，如何理解以学生为起点的教学呢？

（1）以学生的认知水平为起点。现在的学习基于过去的学习，现在的学习又为今后的学习打下基础，教师只有清楚地了解现在的学生掌握了什么，还欠缺什么，才能开始新知识的传授。

（2）以学生的学习特点为起点。不同学生的学习特点也是各不相同的，有的学生在视觉辨别和听觉记忆方面能力较强；有的学生在视觉观察和视觉记忆方面能力较强；有的学生在运动记忆方面能力较强；有的学生擅长调动各种感官，采取灵活多变的方式去获取新知识；还有一些学生反应较快但是准确性差，有些学生反应较慢但是准确性强。教师在进行课堂教学前，需要全面而准确地了解不同学生的特点，提前做好教学设计，这样才能收到理想的效果。

（3）以学生原有的兴趣为起点。新兴趣的产生不是凭空出来的，而是过去兴趣延续的产物，利用学生原有兴趣，逐渐引导学生建立新兴趣，也是教学成功的一个秘诀。

2. 以学生参与为基础

成功的教学都应该重视学生的参与。认为学生是教师教会的，这样的说法来源于教师中心论。客观地讲，只有教师的教是远远不够的，还需要学生积极地去研究和学习。如果没有学生的主动参与、主动研究，教师再好，收效也可能不会很好。课堂教学的成败离不开学生的努力。学生是否参与、参与方式、参与程度，决定教学效果的好坏。我们想让每一个学生都能够始终积极主动参与到课堂教学的全过程，怎样才能做到这一点呢？这就需要引导学生正确处理好两个关系：一是学生和教师的关系，二是学生和知识的关系。

3. 以学生获得知识、提升能力与塑造良好人格为目的

传统课堂教学的唯一目的就是让学生获得知识，教师在传授知识时也基本上都是采取灌输、强制等形式。现代的课堂教学同样注重于传授知识，但同时也着眼于发展学生的智力，培养学生的能力。并且现代教育的最终目标是让学生塑造良好的人格。所谓"教书育人"，"教书"是一种方法和手段，而"育人"才是最终的目的。

二、教学过程的优化

教学中，教师一定要设计出科学的教学方案、具备一定的知识以及能力结构。教学过程的优化就是以教学的规律和原则为依据，选择并且制订

出的最好教学方案，用尽可能少的教学时间收获最佳的教学效果。

这要求教师必须能驾驭教材。教师有处理整合教材的权利，但没有随意增删教学内容的自由。整合处理的做法有：移动前后顺序，平稳过渡，做恰当的调换，加强结论的显示等。处理教材能力也反映出教师业务素质。同样的授课内容，有的教师是按教材罗列的顺序全盘教给学生；有的会经过调整，使人听完大有收获。

教师的教学过程会体现出对教材的把握，具体体现在教师能融会贯通，有知识结构以及规律性的总结整合，有知识内在联系的挖掘，与学生实际生活联系紧密等。这些都是教师的知识渊博的体现，同时也能大大拓宽学生视野。

教学过程中的课题设计要注意分清层次、厘清条理，符合知识结构的特点，匹配学生的认识规律和知识程度。在加强"双基"教学的同时，又要紧密结合智力发展以及能力培养，重视"结论"和"过程"教学，尤其要重视过程教学。

知识内容密度适当。教学的深度和广度设计要贴合学生的认知水平。量要适当加大，传授的知识量要尽可能多，这样更有利于对学生能力的培养，但是一定要让学生能够接受，以学生获取知识的能力为标准。这里的多不单指教师讲得多，主要是要求帮助学生学得多。最佳的就是节奏紧凑，过渡自然，方法灵活，气氛活跃，时间分配合理，讲练结合。

三、最优化的基本标准

最优化，即按一定标准来衡量达到了最好的意思。因为标准不一，所以最优化是相对的，而课堂教学最优化的基本标准是以下两方面：

1. 效果

体现在某个时期内，每一位学生按照提出的任务，在教养、教育和发展三个不同方面，均获得最大可能的增长。

2. 时间

在没有超出课堂教学以及家庭作业时间的情况下，快速、高质完成任务。

课堂设计的一个核心问题就是"最优化"，也就相应地要成为课堂教学和设计工作的中心与追求目标。其基本原则是向方法、艺术、效率等要素求质量，而不向时间要质量。

第二节　优化方法

一、做到"到位"

教学"到位"，就是一知识单元、一课时甚至于一个知识点，在经过一阶段学习之后达到规定的知识、能力、教育等各方面的要求。而且要恰到好处，防止"空位"和"错位"。想使教学到位，首先，要认真学习课标，沉心研究教材，准确把握知识单元教学要求。其次，在进行一节课、某知识点教学时，要明确教学目的要求，充分发挥学生主观能动性，让学生积极参与，体会知识的发现、发展过程，以逐步领悟，掌握方法，达到要求。

二、克服简单化的做法

"简单的问题很可能又是世界上最复杂的事情。"这句话表明，当教师为了让学生学到知识，试图把复杂的事情简单化时，有可能南辕北辙，因为世界上根本就没有孤立存在的事物。

为了让学生学到知识、提高能力，教师应该千方百计去运用相关的、丰富的、能操作的教学工具，引导他们逐步进入这个知识世界，亲身经历，从而更好地去认识事物。

在学校里，简单化做法是比较典型的。这些问题似乎很简单，教起来毫无难度，学起来更是易如反掌。事实并不乐观，对学生来说，真正有用的是掌握"双基"，而这恰恰是一个复杂的过程。它涉及方方面面，要借助各种渠道去接触事物，才能帮助学生有所理解。教师每遇到一些难题，解释不清，就想走捷径，总想通过自己的直接经验使复杂的事物变简单。其实问题的根源就在这里，基本知识、概念等简单化了，结果使阅读、写作等毫无难度，也就没有了可疑的问题，事实哪里有那么简单。试想，这样的教育怎么能提供给学生可以思考的东西？家长、老师要为孩子的健康成长负责任，而这个责任就是鼓励、促进并且帮助孩子积极地参与活动，为他们创建一个吸引力强的环境，创设生动有趣的教学情境，给他们准备好获得基础知识的钥匙和工具，增强他们的信心，使他们能够信心百倍地去打开知识的大门，进入知识的殿堂。

三、教师在教学中的转化作用

学生是教学过程的主体，老师是教学过程的主导。对于教材中给出的知识，学生一定是经历了由不知到知、由知到会、由会到运用的多步骤转化的过程，教师指导的质量就直接影响这些转化作用发挥得好坏。

1. 从知其然转化为"知其所以然"

教师对学生的要求如果只停留在"只知其然"，那学生的发展就比较缓慢，必须转化为"知其所以然"。如果学生对概念的学习，只是囫囵吞枣的理解，那就是"只知其然"，记忆就会刻板不牢固，简单掌握但是不会运用；只有"知其所以然"，才能明白事物的本质，抓住内在联系。因此，教师应当追求让学生掌握"所以然"。

　　○　高效课堂的多维设计：课堂掌控细节面面观　●

2. 从"无疑"转化为"有疑"再转化为"无疑"

很多时候，学生处于"无疑"状态，这并不标志学生已经掌握了这些知识，也许是其思维受到限制的表现。在这个时候，教师需要抛出一些问题，引起学生的思考。这样的提问往往会起到"一石激起千层浪"的效果，使学生的思维发生波动，看起来课堂好像乱了套，但这正是教师发挥引导作用的好时机。

一个知识需要通过"无疑—有疑—无疑"的过程才能被学生牢牢地掌握。总之，一堂好课必须是集体参与、全体思索的过程，整个教学过程也需要打造成一个不断抛出问题，激起学生兴趣，然后解决问题的循环过程。

3. 从具体到抽象再转化为具体

书本一般会对知识做一番归纳、叙述，体现了具体到抽象的过程。学生掌握了一般规律后，受到"老框框"的限制，就停留在这里，不敢"越雷池一步"，到了需要运用规律解决新问题或需要反过来再总结规律的时候，学生就束手无策了。这时教师就需要举一反三、融会贯通地着力对学生进行这方面的训练。

4. 知识转化为技能

教师对学生进行言传身教，不仅要注重对基础知识的深入讲解，而且要特别注重对专业技能的综合训练。要把理论和实际联系起来，对学生在观察、动手、实验方法等方面做出创造性的指导。在课堂教学中一边学习一边运用，可以在小区域内先对其进行模仿性应用实验，等到其效果得到充分验证后即可进行大规模、高要求、有创造力的技能培训。要想把所学的知识转化为技能，离开练习是完全行不通的。

第三节　优化例说

一、传递—接受式

　　这种方式在系统知识技能传授的课程中应用较多。基本流程如下：学习动机激发—旧知识复习—新课引入、讲授—巩固练习—检测查验。这种模式的突出优势是：在给出时间中，学生容易有效掌握更多的知识，教师主导作用容易凸显，教师对教学过程的控制更得心应手。弊端是对学生发挥主动性有限制。教师需要用心准备，在新旧知识之间建立联系，才能充分激发学生积极性，从而引导学生主动从原有知识的结构中检索，并且能提取出最适合的旧知识来"固定"或"同化"新学知识。

二、自学—辅导式

　　基本流程如下：学生自主学习—小组交流—启发引导—巩固整理。这种模式的实施对学生自学能力和良好学习习惯的培养有一定优势，也照顾到了学生的差异。教师退出学生具体学习过程，首先会起到答疑解惑的作用，然后还要有针对性地个别辅导。如果完全放手就是放任自流。

三、引导—发现式

基本流程如下：发现并提出问题—假想—论证—练习提升。这种模式的优势是能教会学生学习方法，如怎样提问，怎样对信息加工，如何做出假想并论证等。其局限性是并不适用于所有学科，同时要以一定经验为基础，这样才能更好实施。

四、情境—陶冶式

基本流程如下：设置情境—活动学习—整理内化。这种模式对学生陶冶个性和人格培养有很大优势，对文科、文艺小组以及社会实践非常适用。

五、示范—模仿式

基本流程如下：确定方向—参加以及自主练习—技能提升。这种模式适用于训练行为技能的教学，有利于基本行为技能掌握，如阅读、写作及运动技能，本质是人的一种学习本能。

实际教学中教学模式更多，且还有各种变式，并且与课时并非一一对应，有时要综合几种教学模式才能更好去完成一个复杂的、大型的课题的教学，有时还要经过多次教学才能完成一种教学模式。我们要明白选择教学模式的基本原则是从实际出发，与实际情况符合才是最好的。

第七章

教学方法选择

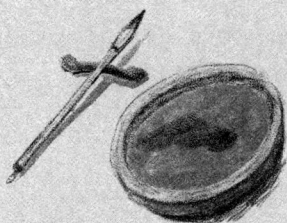

第一节　为何选择

教学方法是指教师和学生为了完成特定的教学任务，在教学过程中所选用的方法手段。它既包括教师指导和教学的手段，也包括在教师的引导、指导之下学生学习的感受，是教与学的有机结合。

面对如此多的课堂教学方法，怎样选择一个适合自己的教学方法？选择什么样的方法才是最好的？这些教学方法之间能否有机地紧密结合在一起？怎样结合在一起？它既是理论上的问题，也是实践上的问题，还是艺术上的问题。其中的艺术性主要表现为：首先使教师能够充分了解整个课堂的教学方法和体系；其次依据具体的教学内容和任务、知识点的形成特征、学生的年级特征以及课堂的特点，进行综合分析，分清主从关系，把多种教学方法有机结合起来；最后再创造性地对其进行运用，达到最佳效果。

一、选择标准

在教学活动过程的整体框架中，教学手段与方法的运用是重要的一环，也是课堂教学的一个根本性因素。教学手段必须为实现课堂教学目标而服务，教学手段的选用是否妥当，直接影响到教学绩效的好坏和课堂效率的高低。所以，教学方法的选择不容忽视。现在教学方法很多，在一节课里，如何选择呢？为什么这样选择呢？一般而言，教师在选择课堂教学方法时应从以下七个方面进行考虑：

1. 教学任务确定教学方法

如果课堂教学的任务都是为了帮助学生掌握新知，那么考虑选择传统的讲授法、发现方式等比较恰当；如果课堂教学的目标和任务都是为了培养学生的技能、操作技巧而进行的，那么最好选择练习法、讨论方式等比较合适；如果我们的教学任务都是以训练和培养学生的自学能力为主，那么最好选择自学指导法、阅读指导方法等比较合适；如果课堂教学的任务是使得学生能够掌握一些实际的现象、概念并且从中获取情感认识作为主题，那么建议选择表演法、说话法、参与式法等比较合适；如果本次教学的任务是以培养学生的思维能力，发展学生的智力为主，则采用发现方法、尝试方法、讨论方式等比较合适；如果本次的教学任务主要是复习和巩固老知为主，那么选择说话法、传授讲解的方法比较合适。在一堂课中，如果我们想要同时完成多项任务或者一项任务需要应用几种方法，这时就应该考虑综合地选用多种方法，或以一种方法为主，其他方法配合应用。

2. 学科性质确定教学方法

由于学科的性质不同，所要求的教学方法也不是完全相同的，一般来说，语文多采用讲授法和读书指导法；而进行其他学科教学，应根据教学内容的改变，灵活选用不同的教学方法与之相适应。

3. 教学原则确定教学方法

课堂教学的基本原则是长期教学经验的总结，体现在课堂教学的全过程，具有一定的客观性。它可以指导我们确定课堂教学方案、使用课本、选取教学手段等。教师需要深刻理解各种课堂教学的基本原则，掌握各种课堂教学原理的基本体系，有机地结合课堂教学活动，选用正确的教学手段，才能更加高效地顺利完成课堂教学任务，提高课堂的教学质量。

4. 教学目标确定教学方法

教学目标对教学手段和方法的正确选取有着直接影响，例如学期目标、各个单元的目标、上课时间的目标。教学目标会使得教学中的一般性任务变得更加具体，更易于实际操作及检测。由于教学目的不同，就会使我们在实践中选取不同的教学手段来适应。例如以新的知识传授为主要目标，建立新概念为主，就选择那些直观性强、逻辑性强的教学方法，有助于学生建立表象，形成正确的概念。如果教学目标是培养技能，除选用讲解、演示等方法用以阐明要求外，还要选用实习、练习的方法，加强技能训练，逐渐实现技能形成与掌握的目标。

5. 学科属性确定教学方法

就是要结合本学科属性来选取恰当的教学方法。不同类型学科的教育性质各不相同，所对应的教育方法也各不相同。教学的目标都应该是为了传授新的知识，数学课大多采用了讲解方式，而语文课则采用说话式阅读。即便是同一门专业的学科，由于其教材内容和特点的不同，所用到的教学手段和方法都存在着一定的差异。例如我们在语文课上所讲述的记叙文通常都是采用多种讲读方法，而讲科学性的说明文所需要采用的方法通常以讲读方法为主，同时结合内容进行讲解或者演示。多种讲述方法的结合，才能帮助学生充分了解本节课文所包含的各种科学知识。

6. 学生特征确定教学方法

由于学生的年龄不同，学习心理也不尽相同，因此可以采用不同的教法。

小学低年级学生直觉思维能力水平相对较高，适合选择直观教学方法；小学中、高年级学生的抽象思维能力发展得比较好，教学中我们可以更多地选择运用语言表现描述，如讲解方式、谈话方式等。初中学生正处于一个半幼稚、半成熟的阶段，是一个独立、依赖、自觉、幼稚四者之间错综复杂、充满矛盾的阶段。这个阶段即使是学生的抽象化思维逐渐占据主导地位，但是思维过程中的具体形象组成部分还是持续地发挥着作用，因此，在进行教学方式选择时，直观化的方式、谈话法依然占较大比重。高中生刚刚逐步进入了青少年教育阶段发展时期，他们的自觉性、独立性显著增长，抽象思维更加健全并继续发展，其抽象的概括性、深刻性、组织性、批判性等得到很大提升，教学模式的选择范围也越广，如选用讲解法、探索发现法等，给学生更大的观察视角和操作空间，也要加大选择自学方法比重。另外，要考虑到不同学生的知识基础差异，对新知识学习的迁移作用发挥也会有差异。因此，即便是在教同一个年级、不同基础的学生采用的也是不完全相同的方式和教法。

7. 教师本人的素质决定教学方法

根据自身的条件去选取最为适宜的教学策略。如果教师本身缺少一些必备的素质，很难驾驭那个教学策略，也很难达到良好的课堂教学效果。例如说话法和小组讨论法，教师本人都需要仔细地对教材的内容进行分析，达到透彻的认识和理解，这样才能够从不同的角度，灵活地解决学生所提出的各类难题，激励和启发广大学生的积极性思维。如果老师没有扎实的基础和功底，谈话法、讨论法的方式运用起来就会非常吃力，搞不好也许会导致乱堂。若老师的语言功底强，言语幽默有趣，生动形象，逻辑严谨，则可适当地多采取讲解和讲述法。有的老师喜欢绘画表演，而且又乐意自己创作，可适当地多选择一些直观形象的教学。总之，教师也应该努力培养自身的素质，充分发挥自身的优势，扬长避短，结合自身的实际情况，选择最恰当且符合自己特点的教学方法，这样才能收到更好效果。

二、选择教学方法的步骤

选择教学方法大致包括以下几个步骤：

（1）明确目标。明确选择标准。把标准具体化，切忌笼统、抽象。

（2）把握精华。尽最大可能去广泛地了解教学方法，努力把握各教法之精华。

（3）比较分析。对可供选择的各种教学方法做比较。比较内容包括各种具体教学方法的可能，各种教学方法的适用范围和条件。

（4）进行筛选。综合分析教学任务、教学内容、师生特点、教学时间等条件，筛选各种方法，做出最后决定。

（5）综合应用。实际上，基本不会出现一位教师简单地采用某种教学手段进行教学。大多是几种方法之间的有机组合或多种方法的交叉应用，综合性较强。

（6）反馈调控。教学过程中，对照教学任务的完成度与学生的实际情况，不断得到反馈，不断调整控制，达到教学同步，行动共振，情感共鸣，实现教学目标。

第二节 创造选择

一、创造性教学法的概念

创造性教学法，是指教学中通过结合基本图形分析法以激发学生的创造性思维，基本做法有：

（1）想方设法设置"扩散性问题"，发散学生思维，使学生尽可能多思考分析，提出更多独特的见解。

（2）从学生的思维特点出发设置针对性的训练。很多学生只擅长扩散性思维和集中思维中的一种。擅长扩散性思维的学生能对问题做较周密的分析、讨论和估计，但难以在众多可能性中做出最优选择，表现为犹豫不决，举棋不定，有时候会怀疑自己的决定。而擅长集中思维的学生，看到问题常常想不出更多办法或者根本没有头绪，思维集中在一点，应变能力缺乏，而且容易钻牛角尖。但如果能提供解题思路，集中思维就能发挥作用，会很快做出效率较高的决策。在教学过程中，教师就要对症下药，针对训练，使学生创造性思维能力均衡发展。这种方法的优点有：早开发、强刺激、增强思维活力等。但要注意那些基础较差的学生，一定会经历一个艰难的适应过程。

二、创造性教育定义

简言之，创造性教育就是以提升学生创造性能力为基础，并保证学生全方面均衡发展的教育，其突出特点就是"以人为本"。全方面发展是学生整体素质的提升，是德智体美劳的均衡发展，就是学生的身体、文化、心理等水平的综合提高。其根本目的之一就是"使一个人在身体、学习、情感、观念、伦理等各方面综合提升，培养完善的人"。创造性有两方面内容：一方面是创造活动进行的内在依据；另一方面是所需要的身心力量，涉及意识、能力、人格等因素，是现在所提倡的最本质、最能动的深层素质。所以要在培养创造意识、能力、人格等方面下功夫，最终使学生都成为和谐发展、个性突出、特点鲜明的创造性人才。可以说，创造性教育是一种素质教育，特别重视对内在价值的尊重，在此基础上开发潜能。

三、提倡原因

传统教育以"应试教育"为特征，教学忽视或抑制了学生创造力发展。关于中、美学生差异讨论表明，中国学生有礼貌、勤奋、聪慧、有扎实的基础、善于应对考试。美国学生在动手能力、创造、自主性等方面能力较强。如今，各类国际奥赛金杯我国中学生手到擒来，可诺贝尔奖离我国的科学家却很远，这需要对教育进行反思。正是传统的教育模式导致了创造型人才的缺乏。

四、实施的基本原则

1. 学生创造性发展的目标

学生创造性发展的目标主要有横纵两维度：横向维度的目标是培养学生的自主创造意识、自主创新能力、自主创新人格三方面内容，下面还包括一些子项；纵向是一个时间的维度，可以划分为小学、初中和高中三个层次。

2. 实施意义

（1）创造性教育是学生个人发展的需要。学校学习是学生掌握知识与技能的黄金时代，这个时期，除了让学生掌握基础性很强、迁移度很广的知识，还要培养创新意识和创造能力，这才能为学生的成长和发展打下坚实基础。每一个公民都具备很强的创新能力，整个民族就会更加繁荣。

（2）创造教育是国家经济发展的需要。同样，学校在专业中学习的时期也被认为是激发学生创新精神，培养学生创新能力的一个黄金时期。从根本上说，一个国家必须有足够的科学储备，这样才能始终保持持久的科学技术创新能力。其中关键在于人才的储备，而个体成长发展的关键在基础教育时期。所以，基础教育就是培养创新型人才的孵化器，也是促进创新型人才健康成长的出发点。实施创造性教育是发展经济、实现中华民族伟大复兴的基础性工作。

（3）创造性教育是素质教育的切入点。开展创造性教育，必须通过师生共同努力，创造性探索新知。教师一定要高度重视"预习"环节，给学生研习提出的疑问留出充足时间、空间；从而让学生获得更多自学、质疑的机会，然后发挥教师的主导作用。这也就重视了创造性教育，实现了对"应试教育"薄弱处的突破。因此，创新性教育既能冲破"应试教育"误区，也是素质教育的切入点。

3.实施的基本原则

(1) 坚持民主。反对权威主义，杜绝惩罚、打击、侮辱、压抑学生的情况发生。提倡教育中的师生平等对话，教师应该观察、尊重、赞扬学生，而且鼓励学生提出自己的不同看法。

(2) 坚持积极。教师要根据课堂的教学内容，选择正确合适的教学方法，从而激发学生对课堂的兴趣，调动学生学习的积极性。让学生懂得学习不是一个被动的过程，而是一个积极主动的实践过程。同时，教师还需要引导学生选择一套适合自己的学习方法和策略，激发他们的求知欲、好奇心、好胜心、进取心和自信心，使得学生的心情愉快，让学生更加积极、主动地参与到课堂中，提升学习的质量和效率。

(3) 坚持启发。教师要善于创造情境，抓住契机，启发学生去开拓思维、展开想象。启发性的诱导方法有利于培养和提高学生的认识和理解能力，可以帮助他们快速、有效地获得所需要的知识。

(4) 坚持主动。教师应该高度重视学生的学习主体性，鼓励和主动引导学生积极主动地去自主知识学习、自主科学探究，使更多学生在课堂上真正学会自主学习。学生自主学习也是教师培养学生创造力的一种根本途径。它不仅强调了培养学生的自主性，同样也是对学生主体性地位的尊重。

(5) 坚持协作。教师应该引导学生之间互相信任，互相配合，相互协助，积极展开学习合作等创造性学习。合作是集体主义的表现，也是每个人学习和工作得到充分发展的保障。合作式学习对提高学生学习效率，培养集体主义精神有很大益处。

(6) 落脚创新。教师要有意识地在教改中进行多方面探索，在课堂上求新异，求真善美，创造性地应用各种教学策略。教师应具有创造性，从而能培养和发展学生的创造性。

五、实施的基本途径

创造性教育的实施，是一项长期而艰巨的系统工程。迫切需要教师有计划地系统设计，通过调动学生的积极性逐步形成并实施这种创造性的教育，它不但必须改革老的教学模式，更重要的是必须转变传统的思想和思维。我们所实施的创造性教育，要在良好的学校治理、家庭教育、社会文化等因素的影响下得以形成和发展。创造性教育由教育目的、教育过程、教育措施、教育评价四个体系构成，这些体系间是相互依存、彼此配合的。

创造性教育实施的基本途径和要求：

（1）确立创造性教育的观念，明确目的，掌握创造性教育的原则，并在教学过程中熟练运用。

（2）对传统课程和模式的改革。教师应该熟练地掌握有效的创造性教学策略，并且能够熟练地运用新的教学方法，逐步培养和提高学生的创新能力。

（3）开设创造性针对训练课，让学生参与创造活动。这是实施创造性教育的重要途径之一。

（4）作业和评价模式的改革。①作业设计的目标是培养学生的创造力。具体要求：适宜的课程内容，更加灵活的方式，以培养学生的兴趣与水平为基准，增加开放度等。②评价模式从民主性、开放性、激励性、启发性、总结性等上面做出增强改进。

（5）开展心理辅导，为促进学生的发展营造良好的心理环境，提升学生的心理素质。这是创新型教育的新方法。

（6）加强教师队伍管理，必须有计划、有方法地充分调动教师的积极性，不断提高教师队伍整体以及个人的职业素质。

六、培养学生的创造力

1. 培养学生的好奇心

好奇心既可诱发创造性活动，又有助推人们创造性思维的培养和发展，就是对新事物，从内心涌出的一种强大求知欲和兴趣。设疑是培养好奇心的重要策略，老师擅长设疑，就能让学生生出好奇心，给学生积极思考的动力。所以，教师一定要结合教学内容，创设疑问情境，主动去引发学生的好奇心，促使学生全身心投入新知识的探究中。

2. 培养学生的挑战性

挑战性是指学生有独立的思考和判断力，唯实，不唯师、不唯上，也不唯书，不盲从，敢于并且善于向任何人提出问题，敢去"考教师"。质疑问难本就是一种能激起思维火花的行为，也是创新思维的出发点。在课堂教学中，老师一定要鼓励并且尽可能地引导学生大胆地质疑和问难，让学生保持在愤悱的求知状态，使学生自然地参与"生疑—析疑—释疑"的探究全过程。

3. 培养学生的开放性

开放性是探新精神的一种，它所呈现出来的是个性开朗，并且不墨守成规，对于新鲜的东西保持着高度的敏感。合作学习就是充分运用集体的力量，激发团队的智慧，极大调动创造能力。在这一活动中，学生相互启发，让创造性思维产生连锁反应，情感思维产生共振，从而让创造性设想源源不断。同时，要引导学生标新立异，充分听取并敢于利用别人想法，从而激起灵感。所以，合作交流的学习活动是培养学生开放性思维的重要途径之一。

4. 培养学生的自信心

所谓自信心，就是相信自己，认为自己所追求的目标是正确的，同样也相信自己拥有足够的力量去达到正确的目标。美国休斯敦大学的舒恩克说："要使学生取得成功，就应该不断地使他们感到自己的努力是有效的，并不断给予他们成功的反馈，这样才能使他们的自信心增强，不断取得成功。"因此，教学时，可以从两方面培养和提高学生的自主创新意识和自信心：一方面是通过让学生清楚自信心的内涵，让学生的情绪稳定下来，学生的创新动机开始激发，树立敢于创新的信念；另一方面是要注意因材施教，了解学生的实际情况，并能据此调整教学，实行分类教学，让每一个学生都有成功的机会，各方面都能得到提高，不断增强每一名学生的自信心。要特别注意那些学习上可能存在障碍的学生，在课堂教学中，一定要注意结合具体的教学实例积极地引导，从开始就小心地呵护其自尊心，最大程度地去及时发现并充分挖掘其特点，充分展示他们的"光辉形象"。比如邀请"听觉型"学生复述问题，邀请"视觉型"学生板书演示重点学习内容，邀请"表演型"学生做示范，等等。

七、需要注意的问题

1. 创造性目标为中心

创造性教学，应该具备以下特征。

（1）基础性。它的宗旨在于培养一个创造性的人才，即要为把学生培养成一个创造性的人才奠定良好基础，它的宗旨不在培养那些能够取得重大发明创造性成果、取得巨大成就的优秀学生。而在于培养学生的创造意识，增强他们的创造力，打造一个良好的人格，这是开展创造性教育工作的根本目标。

（2）全局性。创造性教育不仅是帮助学生掌握知识，提高智能，开发潜能，而且还应该有效地培养他们健全的人格和优秀品德，提升他们的创造能力。我们所需要的创造型人才就是全面进步的人，未来不但需要一个人具备知识、智能、体力、创造能力等，也需要有健全的职业道德、良好的思想品德、积极向上的价值观作为保证。

（3）差别性。创造性人才的培养方式是多维度、各种形式的。人的自身创造也有着很大的方向差别，如从事美术、文化、教育、管理、经济、医疗、科技等多个领域，创造性教育要在高度重视每一位学生不同程度的差别化基础上，培养每一位学生的个性化发展，要有针对性地挖掘和开发每一位学生的创造力。

（4）整体性。首先我们必须承认每一名学生都应该是"潜力股"，具有创造性潜能，每名学生都应该能够通过一个适合自己的课程获得成长，所以进行创造性教育的目标和对象一定是整个学生群体，要使学生整体都能够得到全面的发展，着眼于整体学生创造性水平的提高。

2. 改革传统教学方法

（1）变"教"为"导"。一是引导。教师要根据课堂教学内容的整体结构、特点，结合学生的实际，从浅入深作引导，循序渐进地认真去探索和研究，引导学生化被动为主动，去快速获取知识，快速内化成能力。二是诱导。教师从课堂教学内容的角度出发，恰当地激趣、调动学生的求知欲，让探索新知转化为学生自觉的心理需求和行为。三是指导。教师的指导课程需要贯穿于学生的各个阶段与教育方面，熟悉科学有效的课堂教学方法，指导学生养成良好的课堂学习习惯，为其取得良好的学习效果和成长打下坚实的基础；指导学生获取新知、解决问题，在心智技能，创造性思维方面为学生取得进步进行具体性的指导；为学生战胜困难、刻苦自励、努力自学等方面提供品德保障的指导。

（2）变"讲"为"研"。创造性教育需要师生交流研讨共同参与。从教师指导转变为学生的主动学习模式，逐渐转为传授式和讨论式的学习模式，课堂氛围逐渐变为生动活泼、主动地去探索。老师要有意识地鼓励和支持学生进行想象，启发他们积极思考，主动去探索。老师一定要鼓励并赞许"问难"，重视学生的新奇观点与想法，鼓励其独到的分析方向与结果，发掘每个学生内在的潜能，不断培养和提高每个学生的创造能力。

(3) 变"学"为"思"。"思"要求教学不能停在学生懂得"是什么"层面，教师要引导学生探究为什么，多方面思考为什么；"思"还要求教师在引导学生思维的方向不能停留在顺向，而要进行侧向思维、逆向思维的引导，实现学生对问题的"左思右想""反过来想一想"；"思"要求鼓励学生的直觉思维和灵感思维，使学生大胆预见和想象，并坚定地去追求解决问题，进而提升发明创造能力。

(4) 改进和使用更多的现代化课堂教学技术手段。课堂教学必须顺应形势对于教育的需求，能够熟悉和运用现代化的课程教学技术手段。学校需要自己去创造条件，添置多种多样的现代化教学设备，开设计算机课程，把更多电教设备引入教学活动。现代化教学技术手段的广泛运用可以扩大创新视野，提升信息解读的能力，使学生更快地获取更多的知识，在增长知识的同时提升创新能力。

(5) 重视个性化教育。创新型人才的培养，离不开学生个性的培养，使得学生禀赋、气质、兴趣、情绪、思想等各个方面的潜能得以最大化地利用与发展，促进学生形成具有批判意识的思维、独特意识的思维和具有创造意识的思维。学生个性培养，需注意以下几个重点：①根据课程的内容和特点，结合学生实际，选取不同的教学方法，使各个层次的学生均有进步。②关爱后进生，挖掘他们的闪光点，发挥其特长。③上好活动课。把有共同兴趣、喜好及特长的学生，集中训练培养教育，发展他们的特长。通过这样的活动班，可以使得学生在课堂上有机会去体验社会生活，把自己在课堂上的所学和实践融为一体，使学生的创新能力得到提高。④进行个别指导和教育。抓住学生特点，让优秀的学生出类拔萃，让后进的学生也能有所进步。⑤开展心理咨询和思想教育，注重良好的心理品质和高尚的行为素质的培养。⑥逐步实现小班化教学，这样可以加强师生交往频率，扩充学生的活动时间、空间，充分满足学生需求。

创造性教育的顺利实施，课堂教学改革是重点。同时，要特别注意对于学校的内部管理，学校及周边环境的改善与创设，形成一种整体性的创新环境氛围。需要高度重视教师团队以及创新环境的相关硬件、软件的建设，全面扎实地开展学生素质教育。

第三节　媒体选择

一、媒体辅助教学的功能

1. 教学媒体简介

教学媒体是指在课堂上教师为更好传达信息而采用的一种工具。包括传统与现代教学媒体两种形式。随着社会的进步，我国已基本进入电化教育的时期，因此需要充分结合教学内容，尽可能利用各种电教器材、电化传播媒体，例如幻灯、音频、视频、语言实验室等。

2. 运用现代教学媒体的意义

（1）社会的发展趋势就是信息化时代，计算机会应用于未来社会的每一个角落，每个人都避不开与计算机打交道。所以，掌握计算机技能就成为一个人社会生存的一种基本技能，不掌握，未来就寸步难行。随着计算机技术的发展，可能工作都在家里，人与人的见面机会会很少，如果不重视计算机教育的话，就不能说在培养未来人才。

（2）计算机教育将改变教育参与者的思想观念。计算机将改变主管领导、学生、家长、教师的意识和观念。如果我们不接触计算机，思维就会停滞。通过计算机，我们足不出户，就能知道世界上非常多的信息。世界是全新的，如果我们努力去感受那思想观念的飞跃，人也就随着发展变化了。通过计算机，我们了解了很多重要的信息，加速了我们观念转变，使我们和这个世界融合，变成真正意义上的现代人了。

（3）通过计算机带来观念上的更新，只要掌握了计算机技术，就会了解并处理最新的信息，准确把握最重要的信息。

（4）学生思维完善的需求。教学中巧妙地运用电教等技术手段，通过变抽象为具体，达到看得见、摸得着的程度，学生理解、掌握知识点会更快、更好，同时其直观、形象的特点，可以调动和激发学生的学习兴趣，调动学生积极性，使学生更能自发自主地去学习。

二、选用教学媒体的原则

教学媒体选用必须坚持以下原则：

1.服务性原则

我们使用教学媒体，是为课堂和教学提供服务，不是为追求一种娱乐而播放视频、音频。在不同学科的课堂上选择教学媒体就是考虑实现教学目标需要，还要考虑使用某些媒体对教学会不会产生一定的不良影响，如果只是单纯地为了自己能够正确地运用媒体而进行音视频播放，其最终的结果很可能就是，对教学毫无益处，这样使用教学媒体的方式不可取。

2.针对性原则

使用教学媒体一定要针对教学内容与学生的实际，还要考虑学校所能提供的教学媒体条件，选择最佳方式运用。比如放视频，高中生适宜选择说理性较强、分析事理透彻的内容；放音频也是这样，高中生应选择比较高雅的、健康的内容。万不可不管适合不适合，往课堂教学中硬塞。

3.多样性原则

若条件允许，要尽可能多样化去采用各种教学媒体，在课堂上既可以播放音频也可以播放视频，或者增加一些讲解和演示的实验。

4.指导性原则

教学媒体的使用是为完成课堂教学任务服务的，所以需要在使用教学媒体时，需要教师做一些必要的解释。一方面是由于学生受知识水平限制，并不是了解所有的教学媒体，也不一定都看得懂、听得懂；另一方面由于学生思维方式的差异，对同一段视频材料，往往会有认识偏差，仁者见仁，智者见智，教师做好指导性讲解就非常有必要，能统一学生的认识，让其思维的焦点聚集到所要讲的知识、道理上来。

5.适度性原则

适度，就是恰到好处。适度性的原则，需要教师注意，在课程中既要充分地选用多种形式的教学媒体进行优化组合，又要注意一节课中不可使用过多、太滥，否则就会频繁地变换其呈现形式，一会儿放视频，一会儿再放音频，一会儿又放幻灯，这样就会分散学生的兴趣和注意力，可能会直接造成课堂教学资源和时间的损失和浪费，起到的作用大打折扣。

6.目的性原则

教学媒体的使用，既是课堂教学效果最优化的表现，又是教学科技手段发展的必然。我们一定要注意减少随意性、加强目标性，尽可能创造条件，更多地去使用教学媒体，并要坚持使用。教师对此也有待进步和创新，不仅是自己动手，还要调动学生，师生共同制作教具，画出幻灯片、投影等图像，学生对教学内容有了预知，使课堂教学收到更好的效果。

7.反馈调控原则

传播媒介的运用主要是为了解决问题，达到教学的目的。因此，对媒体的选择、演示和运用等情况进行核查，需要具备明确的教学目标，要根据各种教学方法和目标的具体实际对媒体应用的状态进行反馈和调控。明确课堂上究竟需要解决什么问题，对应所要使用的媒体，明白使用的意图和目的：这节课是针对知识的理解，还是展开针对性的训练；是通过设置的情境来启发动机，还是加大数字化信息密度的需要；是进行思维上的点拨，还是为了引领探索；是为了突破重难点，还是为检测结果。教师一定要对这些问题了然于胸，深入思考。否则，教学设计与传播在媒体的选取中就会充满了盲目性和随意性，那么其在教学功能的发挥上就会受到很大的限制。

8.优化组合原则

实践表明，恰当选择多种媒体组合，比用单一媒体所收到的教学效果要好很多。因为这受不同媒体的教学功能特点不同的影响，如，音频、幻灯等的特点是操作简便、价格便宜，而视频则对时空变化和运动的表现功能强大，计算机的突出特点就是人机对话交互作用，而实物、模型等更具体逼真，学生可以亲自感触。根据需要，将多种媒体组合起来，就可取长补短，并让学生多渠道、多角度感知，大大提升了教学效果。组合优化的原则，一方面是多种传播媒体进行组合应用，最大限度地发挥传播媒体的功能；另一方面则是通过传统的媒体示范、教师指导和学生活动密切衔接相互配合，将它们进行合理的组合和运用，充分发挥传播媒介的功能，达到课堂教学效果的最佳化。

9.经济实效原则

我们所选择的媒体和使用这种媒介都应遵循低消耗、高效率的标准，要力求充分发挥媒介的最大利用价值。下面这个公式可以用来代表一种媒体在社会上的使用价值：

价值＝收益需付出的代价

代价主要包括了在使用传统媒体时直接发生的费用（如机器设备成本、损耗成本），也就是说需要计算一切花费的人力资源和时间。根据这一公式，想要遵循其经济实效性的基本原则，就必须有以下选择：保持效益，降低成本；保持了代价，效益有所提高；效益稍微降低，代价较小或大幅度下降；代价稍微提高，效益也得到了较大的改善。教学中可依据实际情况选择可行的方案，最经济实用地提高媒体的使用价值。值得注意的是，在运用媒体时，不要只盯着先进设备，简单的媒体可以收到预期教学效果时，就不要追求那些高精度且昂贵的媒体，以免造成不必要的浪费。

10. 主体原则

课堂媒体教学中，除了教师的主导地位作用外，媒体虽然起着其他相应的作用，但一定要保障学生学习主体地位，更有效地调动和挖掘学生的积极性和潜能，最大限度地发挥学生的主体地位的作用。实现这一原则，媒体的演示就不能以给学生展示更多知识，强求知识密度为目标，而是营造一种更加有利于引导学生积极参与到课堂中来的活动情境，促进学生的动眼、动耳、动脑、动口、动手的主观能动性，让学生自己切身去感悟这些知识的形成，更好地掌握所需要的知识。教师的主导作用也要参与到学生的探究过程中，恰当、适时地引导学生自我感知、思考、掌握、运用，从而让学生实现自我调控、自我发展。

11. 情感性原则

学生受阅历与学识水平限制，需要运用教学媒体来促进学生思想感情的激发。根据各种媒体不同的特性，比如视频是通过活动的图像与声音方式组织输出的，表现力和感染力都比较强，还有具体的场面和不同的音响可以展现，带给学生感官上的刺激，使其情感产生波动，诱发学生的感情产生共鸣，积极参与学习活动。

12. 激越性原则

教学中，教师应根据教学内容，利用教学媒体集中展示情节、景象的真实或模拟的相关图片或者视频，学生通过观察、感知这些材料，接收相关信息，化抽象为具体，让枯燥的知识生动起来，极大地激发学生学习兴趣。

13. 巩固性原则

课堂教学一般以课堂小结收尾，要对所学内容做针对性练习，以达到检测、巩固、复习知识的目的，这时候最好的媒体是投影或挂图。

14. 系统性原则

系统性原则要强调两点：一是电教媒体运用与一般教学的有机结合，以求教育最优化；二是在新课开始或者结束时，要通过媒体展现这节课的知识结构体系，以及这个知识在整个单元或整个知识框架中的位置与意义。涉及的幻灯片越多，越要注意那些生动形象的零散知识的组合，把它们联系起来成一个整体，让学生了解知识的内在联系，并且能恰当增添到整体结构中。复合式的投影片能将知识框架展示得更为清晰，实现整体、局部、枝节之间的相互转化，把知识的脉络全部展示出来。

15. 直观性原则

直观性原则强调的是能将抽象的知识形象化、直观化。如在投影片出现比较多的表格化的知识，这种模式的优点是条理清晰、结构分明。但是如果学生没有参与表格的制作，那么他们在投影片上的知识就没有那么深的认识，与一般段落文字相比，就感觉抽象，也比较枯燥。

16. 启发性原则

幻灯投影设计的目标不仅仅是直观形象的体现，而应该瞄准完成更高层次的教学目标，提升和培养学生思维。因此，在进行构思的时候，要给学生留下一点适合自己的空白，让学生自己动手去完成，或者是在设计中提出能够吸引学生思考的问题。当然这也就对教师的讲解提出了更多的要求，需要教师去找一种方式来启发和引导学生，营造一种既急于探索又能促进学生积极求知的心理状态，同时又需要教师引导他们去进行思考、探究，最后才能实现视听接收与积极思考相结合，从而更好地达到教学目标。

三、选用教学媒体的方法

除每个课堂都需要具备的传统媒体（黑板、实物、挂图、学具等）以外，现代化的教学媒体主要分为四类：①光学类，包括了幻灯机、投影仪及其相应的胶片等；②音响设备类，包括收音和扩音机、话筒、录音机、激光唱机及其磁带和唱片；③声像结合技术类，包括电影放映机、电视、录像机、激光光碟放映机，以及影片、录像带、光盘等；④综合类，包括语言实验室、学习反应分析器、计算机多媒体系统等及其配套的软件。媒体类型不同则特性和功能不同，使用的范围与方法也不同。面对如此繁多的教学媒体，媒体教学技能训练必须采取分类施训、重点突破的方法，有计划地逐步提高运用教学媒体辅助能力。

音响类各种媒体的技能培养，要首先熟悉收录机、激光唱机、语言实验室等各种操作技巧，然后了解并明白各种音响类媒体所适合的教学手段，如示范、比较、情境、反馈等方法，之后进行针对性的强化训练。

1. 启发示范法

即通过展现录音素材来达到对学生进行示范启发性训练。有四种不同的教学方式：静听——学生细心地听，教师适时地进行指导；默读——学生在课堂中随示范心中默读；伴读——小声搭配歌曲伴唱，让学生们跟着示范一起大声阅读或者小声演唱，教师适时地进行指导和核查；领读——引导带领唱学生跟读和讲授领唱，教师选择适合自己的软件，可以写成全文，也可以片段地做启发引导示范。同时，还要特别注意感受传统媒体的作用、教师亲自进行启发引导示范，以及其他学生进行启发引导示范，一般来说，媒体示范比较规范、标准，而教师启发示范可以有表情手势辅助，也能较好抓住提示时机，二者各有优点，应配合使用。

2. 比较辨析法

即提供的音频材料对比性比较强，通过材料引导学生做比较、鉴别来收获知识的教学方法。例如，比较发音、读音，比较语气、语调，比较文章的不同朗读方法等。这种方法的运用，教师必须要善于引导学生，通过师生共同活动辨析正误、优劣，并且探究出差别产生的根源，并要强调学生的矫正活动。

3.情境创设法

即运用音频影像材料为学生创造一个适合于教学的情境，增强教学成效的方法。如，通过播放一段配有背景音乐的朗读视频来教学《沁园春·长沙》，能迅速将学生代入文中所体现出来的意境中，学生很快就会受到其感染。为了创设完美的贴合实际的情境，音响媒体要与其他媒体配合使用才有更好效果，教师要综合应用。如，可与幻灯、投影等光学类配合，可以加上学生表演，还可以教师配乐朗读等。

4.反馈调控法

即及时录放学生的发音、朗读等，并及时综合评价，反馈结果，及时调控。这种方法往往能活跃课堂气氛，学生及时得到反馈，能及时改正，对能力提高大有益处。采用这种方法，教师一定做好计划，并进行周密安排：选好录音对象，抓准问题并且有针对性地录音、放音，并要注意保护那些不愿录音或发音、朗读效果不好的学生的自尊心等。

光学类媒体技能训练，要着重于展示图片法、循序深化法、模拟示范法和实物投影法等。

声像结合类媒体技能训练，要注重辅助教学法和示范教学法的运用。

计算机多媒体系统技能训练，根据课堂教学的需要，可以把重心放在"模拟""训练与练习""教学活动组织"等模式运用的训练上。

5.资料积累法

此法需要平时多留神，注意捕捉生活中那些稍纵即逝的小浪花，把它们记录下来，存作资料。如值得纪念的时刻、优美的自然风光、精彩的故事情节等与教学有关的资料，不仅要注意收集，而且要及时整理，做好分类存档。教学时，根据需要选择适合的片段播放，容易引起学生的情感共鸣，会起到意想不到的作用。

6. 充实内容法

通过教学媒体补充、扩展教学内容。如学习《赤壁赋》时，可以结合三国演义电视剧中宏大的场面展示，以及其他有关赤壁的诗词播放给学生们看，使他们很快理解文章，并且掌握相关知识。

7. 过程再现法

把教材中有抽象过程的内容通过教学动画展示出来，以帮助学生理解、掌握知识。

8. 激发兴趣法

通过教学媒介能够展示出直观的形象，用具体的影像方式可以调动和激发大家的学习兴趣。如在讲《六国论》时，单凭文字介绍，理解起来会非常模糊，如果运用教学媒体，放映有关的视频片段，结合当时的地图，来辅助课文学习，知识的呈现就更为容易，学生理解起来也会更加深刻。这样就很容易激发学生的学习自主性和学习兴趣，教师也不必花过多的时间和精力去仔细讲解了，这样，既节省了时间，同时还大大地提高了学习效率。

9. 创设情境法

就是借助于教学媒体，创设一个与教学内容密切相关的教学情境，让学生有身临其境之感，能快速把握知识内容。

10. 拓宽形式法

原有课堂教学的途径和形态基本固定，加入了教学媒介能够让课堂教学的内容变得更加充实，形式也变得更加灵活。这样的教学，收获不仅仅在内容和形式上，还提供给学生很多理论联系实际、亲身实践的机会。

11. 厘清文路法

通过教学媒体分析知识内容，实现教学组织结构的自然过渡。在作文教学中，经常用到此方法，如组织学生活动时，记录下学生的行程，然后让学生按要求写作。指导时，可以先一起看录像资料，一起厘清写作思路；通过一些特写的镜头，又能确定写作重点，这样的写作指导就比较容易收到效果。

12. 强化重点难点法

通过教学媒体把教学内容的重点、难点突显出来，使其得到强化，然后展现教学过程。实现重点强化，难点细化，逐步解决。

13. 直观演示法

把一些原来只有靠讲的东西，通过各种形式直观演示出来，以帮助学生理解内容、掌握知识。

14. 视听结合法

通过对教学媒体进行组合和应用，或者直接采用综合性的媒体，使得教学内容更加直观形象，学生动眼、动耳、动脑，视听全面结合，思考随后，实现最优化的课堂教学效果。这样的方式创设出一个能够理解、运用语言的优美情境，有利于课堂教学效果的提升。

四、媒体选用应注意的问题

1. 辅助与优化统一

投影资料应该是课本内容知识的延伸，与课本密不可分。在教学中，一定要根据要求，以教学目的为本，分清主次轻重，有计划、逐步指导学生观察学习投影片，并根据主题，找到讲解侧重面，做到重点突出。只有周密设计，逐步行进才能做到辅助与优化的统一，提高教学效果。

2. 方法与内容统一

在进行课堂教学时，如果需要进行投影照片数目很多，那么适时地采用，方法正确并及时，对于提高课堂教学质量是极其重要的。要想做到适时地采用，应该注意以下两点：①向学生展示在课文中有简单的文字介绍的投影照片，教师在讲解中指导学生进行观察的途径和方法，引导学生从整体到部分，再从部分到整体反复仔细观察图片，同时还要密切配合课文，把读课文与看投影片结合起来，还要同时思考教师所提出的问题，使得学生读、看、想三者有机结合。②向学生展示课文中没有直接用文字描述和介绍的图像或投影照片，教师首先要充分尊重课文，然后合理地发挥其创造性，运用到导入或巩固等环节中。要做到方法正确，依据教学过程确定投影选题类型，如教学过渡、归纳总结、重点突出、辅助记忆或思想教育等，与教学环节内容紧密衔接才能最大限度发挥教学媒体的作用。

3. 科学性与趣味性的统一

所有的投影资料都是形象化的素材，都是所讲授知识有效构建的组成部分。因此，我们在运用时就必须严格地遵循其科学性，要求准确无误。针对实物投影片需要准确阐释，详细介绍；而对于想象投影片的引导切忌想象主体不明，主观臆断，牵强附会。满足了科学性之后，要适当地注意趣味性，例如在投影片时，就需要注意景色美丽，叙事细腻，生动描摹，真正使学生走进情境中。

4. 教学目的与媒体特点的统一

教学目的是教学媒体运用过程中的重中之重。在我们在选用教学媒体时首先且必须考量的就是媒体的特点和教学目标的和谐统一，并以确保教学意图的达成为唯一可供考量的标准。

选择媒体时，一定选择在贯彻教者的意图时，媒体的特点能得以最优的发挥，不要成为摆设。只有这样，才能达到无论选用何种媒体，在何时，用何顺序展现，都能紧紧扣住教学目的，都能随着教学思路逐渐展现并发挥最大作用，使其在教学时空中"融为一体"。

5. 手段与方法的统一

教学方法必须与教学媒体相配合，才能发挥良好效果，否则教学就很难具有艺术性了。教师运用投影片创设与教学知识相符，且与学生实际接近的教学情境，把学生代入其中，就能很快消除学生陌生感，使学生学习兴趣浓厚，思维活跃、讨论热烈。

6. 现代、传统媒体的统一

传统和现代媒体都有其长处，哪一个也不能够完全取代对方。它们彼此之间不是不可相融，而是能和谐共处，形成相互促进关系。在教学中，既要充分吸收传统媒体的合理性，又要适当地结合现代媒体的特点，把二者紧密地结合在一起，取长补短、相辅相成。恰当使用教学媒体，不管是在具体的教学环节中，还是整个教学的全过程，都会起到积极的优化作用。

第八章

教学准备

第一节　为什么要备课

一、教师怎样备课

备课一直以来都是老师的基础和必修技能之一，是能够上好一节课的首要条件。然而，要备好一节课，那也不是一件轻松的事，需要付出辛勤的汗水、艰辛的劳动、大量的心血。下面介绍备课应该考虑的几个问题。

1. 端正思想

（1）备课不同于背课，同样不是简单地去摘抄课文。备课的本质是熟悉教材和学生，包括厘清教材编排的思路，弄清教材的重难点，掌握学生的知识水平。因此，照抄照搬，都只能说是表面功夫，绝称不上真正走心的备课。

（2）备课的目的要明确，就是为了上好课，为提高教学质量，能找到帮助学生快速且牢固地理解、掌握、运用知识的途径，专门做好表面，供别人看，等人检查的思想是错误的，要纠正。

（3）检验备课好坏的唯一标准就是实际教学效果的优劣，而不是看教案写得详不详细，写了有多少字数。实践证明，只有树立了正确的备课观，才能克服那些不正确的备课思想。无论什么样的情况下，备课的基本指导思想都应该是，根据新课标的总体要求，用教学目标作为指导备课的依据，以真正提升课堂教学质量、实现课堂教学最优化为终极目标。

2.备课的要求

每位教师都应该明确哪些必须要备、哪些不需要备。通常，备课重心应该在教材、学生认知能力、教法三个方面，而且要三方面有机结合，做到知识结构和学生认知的和谐统一。备课通常要求备出深度，即把教材中学生能力达不到的那些看不到摸不着的深层含义做深度挖掘；备出梯度，即把梯度比较大的知识做分散化处理，在知识之间搭建台阶，从而实现逐步引导学生深入理解；备出新意，即通过对教材内容有关知识和观念的提炼总结，使学生能够获得不同于以往的体验。同时，备课还要正确处理好几个关系：钻研教材与写教案的关系；钻研教材与钻研教参的关系；钻研教材与了解学生的关系；钻研教材与选择教法、指导学法的关系。实际上，备课中重点要钻研教材，写教案不是重要工作；先仔细研读教材，然后对照教参作参考；备课要做到"胸中有书""目中有人"；既要备自己的教法，更要备指导学生学法。还有一个就是要在实现教学过程最优上精雕细刻。仔细思考教学的每个环节、每个教学动作，要追求用时最少，效果最佳。

3.备课的最佳方式

因为教师知识水平和能力不同，所以备课方式也不可能完全统一。下面提供几种备课思路，供选择。

（1）备步骤。备课的时间不应该是常规理解的要上课了，赶紧准备，而应该分为学期前备课、周前备课和课前备课三步骤。这三步骤的重点不同，学期前备课主要是整体的分析把握，如教材的整体分析，教材的知识和逻辑结构，教材的总体结构网络，各部分联系与制约关系等。周前备课要精心编制教案，解决教学信息传递方法的问题，并预估教学中可能发生的偶然性问题，做好解决预案。课前备课是对周前备课的细化与调整，思考对教学过程的优化。

（2）备问题。备课前了解清楚学生对问题怎样想，预计会有什么样的想法和疑问，然后选取那些普遍又典型的问题作为主要内容，精心设计教学方法，或答疑解惑，或组织讨论，或设置情境体悟，直至解决问题。同时，以问题设计为中心，精心进行课堂设计、板书设计和作业设计，以提高课堂教学质量。

（3）备学生。教学双边活动，教师的教是为了学生的学，要注意教学相长，教与学相辅相成。教师备课时，一定要厘清教与学的联系，不要忽视对学生的学法指导，并根据学法调整自己的教法，只有这样才能体现学生在学习上的主体地位。这种备课方式要求围绕学法设计调整教法，教中授法，以法导学。

（4）备教材。整体把握教材，把基础训练看作一个整体来进行备课。这种备课需要三个统一：统一教材分析，确定教材地位和作用，厘清知识间联系；统一教材的重难点，制订强化重点、突破难点的方案；统一"双基"训练内容。

（5）备教法。以知识、能力目标为依据确定教学方法，结合学生的实际情况适当调整教学方法。总而言之，通过备课在教学中把知识、能力和方法融为一体，使之相互促进，相互关联，逐渐形成稳定且强力的三角结构。

4．科学合理安排

（1）领导层面。保证教师每天的备课时间，制定科学的评价标准，要求教师认真总结，并且经常组织交流备课经验的活动。

（2）教师层面。教案应该只是一个框架，备课本要给修改、反思留白，想上好一节课，必须反复思考、认真推敲自己设计的教学过程。因此，课前的修改、调整以及课后反思、完善是非常重要的程序。

（3）备课层面，在"精"字上花费多的时间和大的精力，备"精华"，备"精要"，备"精辟"，备"精练"，达到最精致的备课效果。

二、更有价值的备课

备课，立足钻研教材，也要重视学情分析研究。一个班中，学生的水平和能力存在差异，教学中，要想调动每一个学生的积极性，就需要备课时，教师对学生进行全面分析、正确对待，还要注意个别学生的特别分析，并把结果落实到备课、教学各环节中。

正确对待每名学生的一个前提条件就是尽快地掌握每名学生原有的基础，可以通过家访、个别交谈、分析练习等多种途径来实现，掌握了学生情况才能通盘考虑，制定分类指导的目标和措施。在每节课的准备中，一定要特别注意面向大部分，兼顾前后为基本。

想要有效地提高自己的备课质量和教学水平，因材施教是一个不错的选择，因此，不仅在备课时我们要综合考虑不同年龄层次学生的实际需求，还应在备课中，根据每位学生的具体情况进行个性化指导。如，有的学生已经习惯于用记忆方法进行学习，那么对他所指导的侧重点也就在于引导并且教会他从不同的角度掌握知识点，培养思维灵活性；有些学生爱动脑、理解能力强，那指导的侧重点就在于提醒他们注意基础知识的贮存，并且引导他们把知识贮存与知识运用有机结合，发展创造性思维；对后进生要注重指导他们简单的知识的理解掌握，多给他们成功的机会，逐渐从掌握简单知识中增强自信心，然后再逐渐提升问题难度，并根据实际，通过各种学习或思考启迪智慧，让他们得到学习的乐趣，积极向上。

三、备课的再创造

影响课堂教学效果的因素有很多，但最基础和直接的因素就是教师对教材的了解、掌握的深刻性和透彻程度。理解透彻了会让教材变"薄"，在教学中才能做到纲分目明、简单扼要、重点凸显；如果吃不透，书有可能变"厚"，教学时就会盘根错节、烦冗、主题不明。优秀教师主张备课要对教材做到以下几点：

1. 放在一个整体性的知识框架中进行考虑

通过分析知识之间的内在关联，弄清教材在整套知识体系的定位及其意义。诸如，弄清本册相关知识的来龙去脉；找到内容的源头，又找到与该知识有交叉点以及平行的知识；弄清楚知识的延续性，能判断是不是新知识的开启。总之，就是将知识纳入结构系统，找到和它有关的知识，并且定位。

2. 细致分析重难点和关键点

一般说来，所学知识的特殊点就是这节课的重点，不易掌握的就是知识的难点，而对比前后内容得出主要区别的点就是关键点。而如果通过分析，厘清了难点和已经掌握知识之间的关系，那么重要的难点也能用对比旧知识的方法去加以化解和掌握，"温故而知新"就是这个道理。重难点可能重合，也可能不重合，要强化重点，突破化解难点。

3. 要明确知识教授的深度与广度

教材是根据学生的水平，结合实际需求，对相关知识的深度与广度做过适当处理并有明确要求的。任课教师一定要切实把握知识教授的深度与广度，切不可随意地加深或变浅，也不能随意扩大或缩小，即依照要求达标为宜。

总之，要达到弄清本册教材在整个教材中的位置和意义、细致分析重难点和关键点、明确知识教授的深度与广度。把所有的教材彻底消化，通过思考转变成自己所掌握的东西，再能够进行深入浅出的说明和解释，熟悉到了如同教材都是自己编写的程度，这就算得上吃透教材了。备课过程中需要进行再创造，而懂、透、化的过程就是一种再创造。

四、能力提升的途径

所有教师有一个共同体会那就是"教学相长"。很多知识都是通过多年的教学过程，得到进一步的巩固提升的，特别是备课这一环节，需要教师做大量的准备工作，也是教师自身素质提升的一条重要途径。

1. 在课前准备中提升自己

要想备好课必须首先学习新课标的内容，深入领会其精神。在明确教学目的和任务的基础上，吃透各个时间段教学的基本要求，熟练掌握"双基"训练的重点。为此，教师需要同时学习大量与教学任务相关的资料。教材是国家新课标的具体载荷，在进行备课前必须认真阅读教材，了解其编写意图、思想、内容、"双基"训练的重点，从而全面理解掌握相关时间段的教学内容。就语文教材来说，备课过程就是知识积累巩固、学习提高的过程，掌握全册字词的分配情况，可以综合巩固有关文字词汇方面的基础知识。了解课文类型、体裁和各单元编排特点，学习各种类型、体裁的知识和有关技巧，分析认识这些课文的特点，提高驾驭教材、做好设计的能力。

2. 在钻研教材中提升自己

钻研教材就是要求把教材中出现的关于字、词、句、段、篇的内容看懂吃透，了解相关的背景知识，掌握常识性问题。

到了阅读教学中，可以更深层次地对每篇课文的段落层次、篇章结构、情节变化和写作方法等方面的内容进行钻研。需要坚持"打破砂锅问到底"的精神，把由此产生的一切疑问都研究清楚，得到明确的答案，这样可以推动教师去学习提高。如果每一位教师都能自觉地把钻研教材好好进行下去，把教材内化为自己的东西，那么其业务文化水平一定会提高得很快。

3. 在研究教法、编写教案中提升自己

钻研内化教材之后，就要开始研究教学的方法步骤。要清楚课时分配，

弄明白每一课时的教学目的和要求，厘清楚教学内容，设计好针对性训练，制订教学方案等。编写教案时要把这些问题细化整理，用文字表述清楚。它既是课前准备和工作流程的最后一道工序，又是教师业务技能基本功集中表达的重要途径。每一位教师都不能轻视这道工序，要做到认真细致，争取备出新意，备出特色。所以，作为教师，一方面注意广泛吸收新经验，并且运用在教学实践中加以实验；另一方面还要通过实践总结自己的体会，并且把它记录下来，这种理论的实验总结方式，是快速提高教师业务水平最行之有效的方法。

第二节　备课方法例说

一、提炼教材中心的方法

一堂课上我们想要传授给学生更多的东西，可是课堂时长有限，作为教师一定要传授给学生最重点、最主要的内容，要很好地把握教材，准确而快速提炼出教材的中心。常用的方法有以下几种：

1.逐层概括法

先分析各自然段的内涵，然后以此为依据把课文分成若干个层次，总结各层次主要内容，依据得出的各个主要内容，分析其在整体中所处的位置，处于中心的内容也就是教材的中心。

2.题眼分析法

"题眼"一般指标题中呈现出来的重点词语，它是全篇内容的高度概括，也是分析焦点。钻研教材时如果能牢牢抓住"题眼"，便能很快抓住教材的中心。《窦娥冤》一文题目就写出了课文的主要人物：窦娥，主要事件：冤。一般事件是文章的主题，可见这个"冤"字便是全文的焦点，再简单分析课文，便能抓住文章的中心。

3. 词语审读法

通过仔细分析品味文中重点语句、词语来提炼中心。《长征胜利万岁》的一个中心语句便是"二万五千里长征万岁！"而"胜利"又是这个中心语句中的中心词语。这个词将此时情境内涵高度浓缩了。只要把这个"胜利"的内涵理解清楚，便抓住了文章的中心。

4. 开篇揭示法

许多课文开始的第一句就揭示出课文的中心。仔细分析中心句，就可以抓住课文的中心。

5. 篇中显现法

这是通过分析文中的中心语句来提炼课文中心的方法。一般是和文章题目有关，以及总结性较强的语句，要注意抓住这样的句子分析来提炼中心。

6. 篇末点题法

在一篇课文的结尾处，用总结性语句来点明文章的中心，如"这就是党的好干部——焦裕禄"。就是使用总结式的语句来概括出了全文的中心。

7. 首尾呼应法

作文写作的时候常讲首尾呼应，课文同样也常如此。如能抓住这些语句分析课文，就能准确提炼出课文的中心。

二、突破教材重点的方法

在课堂教学中只有把握住重点内容，并且很好地凸显这些关键性内容，才能够很好地完成教学任务，收到最好的效果。常见的突破方法有：

1. 题目分析法

一篇文章的题目往往是其主要内容的高度浓缩，是一篇文章的一个重点所在，仔细地阅读分析文章题目，理解它的基本意思，尤其是要准确把握好"题眼"，透彻地对其进行分析，就很自然地充分凸显出教学重点。例如《林教头风雪山神庙》，如果我们能够紧紧抓住"风雪"这个词进行分析：风雪发生的情况与时间，为什么林教头会"风雪"山神庙？"风雪"还有什么内涵？教学的重点也就更加突出了。

2. 咬文嚼字法

抓住课文中的关键句子、字词进行分析、研究，总结突出教学的重点。还可以运用句子成分分析法来找重点，把句子理解透彻，也是一个很好的方法。

3. 逐句分析法

找到并且能够准确地抓住课文中概括性、总结性的中心句、重点段（词汇和句群），仔细地分析，琢磨其在课文中的所处位置、意义，教学重点也很容易凸显。《祝福》中有很多关于祥林嫂眼睛的文字描述，而且都是有所改变的，通过这些改变写出了祥林嫂一生的艰辛和苦难，我们把这些关于描写祥林嫂眼睛的文字和句段都放在一起，进行对比分析，透彻理解，教学的重点自然也就更加凸显了。

4. 层层剥皮法

分析文章的结构，像剥笋那样，从外层入手。开始剥皮，逐渐深入，突出课文重点。

5. 由表及里法

先从课文内容的表面叙述，也就是外部形象入手，再逐步剖析其内涵，慢慢地到课文的重点。

6. 上接下联法

先依据课文特点，找到重点，然后联系上下文理解分析、讲解，达到突出重点的目的。

7. 提纲挈领法

通过列提纲方式，突出文章的重点。

○ 高效课堂的多维设计：课堂掌控细节面面观 ●

8. 表格突出法

运用列表格的方式，突出文章的重点。

9. 图示展现法

通过画图形和图画等形式，展示文章的重点。

10. 摘要突出法

通过摘录文章中的重点语句、主要段落，比较分析突出文章的重点。

11. 比较对照法

找到文章中出现的两类或两类以上相近或相反的内容，比较对照分析文章的重点。

12. 悬念存疑法

通过设置疑点、悬念，激发学生急于得到答案的心理，突出文章的重点。如《装在套子里的人》，就是用题目设置了悬念，引起学生阅读兴趣，通过解疑来突出文章的重点。

三、突破教材难点的方法

所谓难点就是学生受限于认知水平或者是感性材料不足等原因所造成的对新知识理解存在困难的地方，也就是说在新知识的学习、记忆中，以及新技能掌握上遇到了"钉子""拦路虎"，存在跨越上的困难。此时教师的责任就是要想办法来帮助、引导学生渡过"难关"。突破教学内容的难点要做到具体问题具体分析。

教学中的难点突破有很多办法，可以总结成把抽象转到具体，把复杂转到简单，把生疏转到熟悉等一系列的基本策略，其总的目标和方向都是化难为易，主要分类有以下七种：

1. 化整为零法

化整为零法，就是将较难懂和不容易解决的大问题进行剖析，或分层次或分段，细分为几个比较简单的问题，先弄清楚每一个较简单的问题，这样就离解决大的问题也就不远了。

2.架桥铺路法

有些问题知识的跨度有些大，学生受限于认知水平，很难一下子弄懂，通过分析，针对问题设计一些铺垫，通过架"桥"铺"路"，由难化易，实现难点突破。

3.问题揭示法

把课堂教学的重点进行分解，转化为一个个问题，经过提问、解答的程序，引导学生突破难点。

4.旧知迁移法

把旧知识的记忆、理解、内化过程指导新知识的学习，同时把掌握的旧知识进行迁移，能为新知识的掌握提供基础，这样通过旧知识的迁移，帮助理解教学难点。

5.暗示点拨法

在课堂教学中，因为某种原因，发生学生的思路受到阻碍，或者是被某些因素干扰产生了偏差等情况时，教师应该要充分地抓住这些情况发生的根本和症结，进而通过教学技巧去巧妙地点拨，使学生的思路冲破阻碍，进而迅速理解知识，冲出困惑的境地，进入另外的天地。

6.直观演示法

学生接受教材上的知识，基本上开始于感性知识，之后才会从感性进而到理性。教师要能抓住这一基本特征，有目的、有计划地做演示给学生看，让学生去动手操作，让学生亲身经历知识的形成与发展过程。

7.音美辅助法

音美辅助法就是通过音乐、图片展示，利用学生的感性认知，使学生的听觉系统与视觉系统同时启动，并合力发挥作用，突破教学难点。

教学重点的突破，蛮干是不可取的，需要巧妙、恰当。其中的前提条件就是"熟",即熟悉并且理解教材内容,明了每个学生的基本情况,包括知识和技能水平,找到造成困难的原因,然后才能对症下药。之后一定要努力做到"巧",突破的方法在设计上一定要巧妙,要根据重点和难度的不同特征,设计最为适合的一种突破方法,该"铺路"就"铺路",该"填坑"就"填坑",该"架桥"就"架桥",该"引路"就"引路",进行疏通,找对方向。要做到理顺关系,才能有水到渠成之效。只有巧妙设计,并不断总结,才能很快解决问题,顺利地突破教学难点。

第三节　教案应用技巧

一、使教案变活

教案应该成为我们上课时的蓝本。但是我们写了一个教案，只是我们能够上好一节课的必备条件，在此基础上我们还须再下一番功夫来推敲、琢磨，才能把教案真正地变活。

怎样使教案变活呢？

（1）反复考虑课堂教学目标的确定方式是否正确，教学内容的组织和安排方式是否正确，教法的选取方式是否可以吸引到学生，有效地调动学生思维。要做到边推敲边修正，力求精确、贴切。

（2）思考如何将教案上的句子转化为具有自己个人特点，并且能够充分吸引学生的视听感受的课堂"台词"。如果我们没有在这些问题上下功夫，课堂教学不是骨无肌、呆板，就是生硬、照本宣科。教师要注重对于教学语言的锤炼。一要做到简明和确凿。备课犹如写诗，也要有"力求一字稳，耐得半宵寒"的精神。二要精练。在课堂上讲的话，力求简单而又富有智慧之魂，避免冗长而又肤浅。

（3）复习和揣摩当下学生的生活现状和学习心态，这就必然需要教师综合分析考量班级学生近期的心理思维活动状况，学习的实际情绪及各个班级不同的心理特征。只有如此，讲课才有机会有的放矢地准确把握好每个学生，才有机会真正做到老师教与学之间的关系高度协调统一。

（4）提前想好自己在课堂上很大可能会遇到的情况和问题，做到心里有数，留下空间。必要时要多为学生准备一点素材，多考虑几种教法，多设想几种课文的讲授方式，以便于随机应变。

（5）在实践中反复学习熟悉课堂教案。从课文中重点内容的讲解到板书提纲的整体布局，字字语句都一定要认真熟记，对"台词"一定要严格要求，并且能够张口成诵，做到"背讲"。"使其言皆若出于吾之口"，"使其意皆若出于吾之心"。

（6）及时做总结，写好课后札记、反思，这是能够不断提升教学效果的有效途径。写课后札记需要注意：

①有感就写。一堂课结束，一定会让我们有种种体验与感受，在走出教室后一定要及时地回想和总结自己这种体验与感受，不要仅仅写成功的收获，而且要写失败的教训与一般化改进等，其实也就是我们要及时把自己在课堂教学中所经历到的体验与感受都录入其中。一个单元的教学完成后，还要及时收集和整理前面每节课后记下的零碎笔迹和札记，总结出来一些教学心得，认真地书写一个单元的教学小结。

②持之以恒。万事贵在恒，写课后的反思也不例外。刚开始写，总会有特别麻烦的感觉，或从心里不相信自己所写札记的价值，怀疑它究竟有什么用。这时一定不要轻易就选择放弃，一定要有坚定的信念，然后继续坚持下去，以后一定会让我们能够深刻地体会到：札记的意义和价值很大，它不仅可以帮助我们积累实践经验，还能助推我们教学技术水平提高。还有一个由于我们的坚持而使我们得到的收获，那就是它帮助我们培养和形成了严谨治学的精神。

③听课学习的总结也是教学札记。在总结自己经验的基础上，也要积极学习、吸取别人的长处，逐渐积累，循序发展，最终形成自己的特长。

④系统整理，不断提高，找出规律性的东西。到下次再教相同内容之前或即使不是教的相同的内容，重温札记也能对我们的教学产生好的影响。这样循环往复、渐次上升，就能不断提高自己的教学水平。

二、教案运用

教学中随处可以见到低效劳动和无效劳动。就拿教案的编写来说，一些教师，有的写教案是为了应付检查，有的基本一字不动照参考资料抄，还有的先讲课，上完课后再匆忙补写，什么重点、难点、方法、步骤，照搬下来，好像成了课堂实录，这样的教案根本没有什么实用价值。

写教案就是为了指导上课，所以运用才能使教案更具生命。教师要想发挥教案作用，上出一堂好课，就一定在教案编写上下功夫，做到具体实在，切实可行。下面是教案编写中需要注意的问题：

1. 有详有略

教案其实也可以说是备忘录，有些内容已经非常熟悉，那就没有写得过于详细的必要，而那些需要教学过程中关注的重点、要详细讲解的疑难处，一定要详细写，多着笔墨。

2. 从实际出发

实际情况包括师生两方面：一是教师的实际，如知识结构和教学能力水平等；二是学生的实际，如基础知识和理解接受能力水平等。想要突出实用性，必须要明确对象，具有鲜明的针对性。如果不考虑实际，一味参考教参书以及他人案例来设计教学，那收到的教学效果一定不是最佳的。

3. 突出培养能力

编写教案的时候，教师一定不要把注意力一味地放在知识的传授上面，而应该把重心放在学生能力提高上面。也就是说，要多考虑如何在传授知识的过程中，能最大限度去培养和锻炼学生的分析、判断和理解能力。

4. 重视信息反馈

教师除吃透教材之外，还要关注教材外的相关的新鲜信息，并且要努力创设条件，把这些传递给学生，让学生也接收新信息。

第九章

教学导入

第一节　导入六原则

教学内容的导入是教学过程的开始，在进行教学导入的设计上，要注意以下六原则。

一、必要性

课堂教学的内容导入与导语设计，一定首先考虑既定的教学目标，导语以及导入设计必须与既定教学内容和学习目的相关联，但不要让导语与既定教学内容相互产生干扰，特别要注意不能为了导入，把一些与教学目标无关的内容加上去。良好的开端如同成功了一半，精心设计的与教学目的相匹配的导入语，是辅助教学任务完成的一个必要而非常重要的部分。

二、科学性

教学内容是导语以及导入设计的唯一出发点。有的导入语与教学内容非常密切，可以说也是内容的重要组成部分；有的则是通过老师精心地筛选之后的教学内容；有的虽然看上去与内容之间关系不大，但可以直接起到调动和激发学生兴趣，快速吸引学生注意力的最优辅助效果，其本质与内容也同样具有千丝万缕的联系，是对于教学内容的传授及对学生自主学习能力的促进，也是教学中一个重要组成部分。但是不可否认，这一切都要遵从科学性，如果导入设计与科学性相悖，不管它有多么生动精彩，也只是哗众取宠，于教学无益。

三、启发性

学生作为教学活动的参与者和主体，教学效果的优劣是通过每一位学生所取得的学习成果水平的高低来体现的。因而在导语设计中应该充分考虑到学生的年级、性格特点等，一切都要以学生的实际情况为基本出发点。

四、适用性

在设计导语时一定要特别注意教学中的课型异同。新授课程的导语要侧重温故而知新，架好新旧知之间的桥梁；连续性的讲授课程要特别注意课与课之间衔接，前后相互关联照应、起承转合；在复习课时要侧重于知识的归纳和总结，所以导入可以从分析与比较开启。每一种教学课程都有自己相适应的导语和设计，不能混用，我们绝对不能使用新授课的导语来讲述一节复习教学课，否则这些导语就会失去自身所应起到的功效，也就是说没有哪一种导语设计模式是通用的。

五、简洁性

设计的导语要精简、精练，在课堂上不能占用过长时间，一般在两三分钟左右，然后就要转入下一个环节，时间过长会失去应起的作用，喧宾夺主，反而会降低学生注意力，导致进入新知识的教授时学生已感到索然无味。

六、形式多种

导入的模式和方法种类有很多，一定要特别注意不能用一种模式，导语在课程设计时一定要特别注意与教学内容配合和运用，否则就很难真正实现启发兴趣、引人入胜的效果，还可能会起到反作用。

第二节　导入方法

教师精心设计导入语，其目的就是要通过直观或感性的，直接或间接的方式、方法引出教学内容，实现学生知识与情感的桥接，让学生的兴趣以及注意力都集中在新知识的学习中。常用的手法有以下几种：

1. 温故导入

在教学新知前，先领学生温习以前学过与新知识相关联的知识。因为各种新知识基本都能从旧知识中找到源头，所以把新知识的源头呈现出来就容易引入新知识。但是一定要弄清楚，"温故"只是一种手段，新课的导入才是重点，不要搞成复习课。

2. 衔接导入

立足教学知识整体结构，找到前后知识之间的联系，根据同一类型知识内容的呈现顺序，顺承下来，承前启后导入。

3. 设疑导入

根据教学内容，通过精心设计一系列的教学问题呈现给学生，就可以激发学生的强烈好奇心和求知欲。这样就使得学生的求知愿望被充分激发，使之更加活跃起来，也就充分调动了大多数学生思考的积极性与主动性。

4．布障导入

设置适度的障碍能比较自然地激发学生探求欲望。所以，我们在新知识讲解前有意地创设几个小小的障碍，能够促使学生激发出"愤""悱"的状态，从而调动和激发学生的求知欲。

5．目的导入

上课伊始，我们就给学生强调教学目标，让学生很快明确自己学习的方向，可以收到让学生配合教学的效果。现在流行的目标教学法一般情况下都是采用这种方法导入新课。

6．作用导入

一上课就给学生讲清楚本课所要讲的知识的作用，让学生明白此类知识的价值，从而激起学生的学习欲望。

7．间接导入

由呈现与知识点相关的问题从而导入到课堂学习。例如，一位教师向学生讲述写作素材积累和整理的问题，他把自己准备的一支没有墨水的钢笔交给一位学生，让学生写两句话或者是诗词。学生拿到笔之后，马上开始写，可是他无论如何也写不出字来，一肚子疑问。"老师，您是不是搞错了，钢笔没水，怎样能写出东西呀？""是啊！"那位教师微笑着点头，"钢笔里确实没有一滴墨水，你当然也写不出来什么。钢笔里的墨水和作文的素材是不是一样呢？如果我们的肚里没有'墨水'，那我们就不可能写出一篇优秀的文章的。那么怎样才能让我们肚子里灌满'墨水'呢？这节课我们就一起来寻找这样的方法。"接下来的讲课过程，学生注意力集中而且持续时间也很长。

8．切入导入

把握所讲授知识的一个重难点或关键点，简单直接切入，直接呈现出课文的精彩片段。

9．迂回导入

进入新课程的学习，首先解决一些围绕重难点中的容易解决的问题，为突破重难点做好铺垫，然后再顺利进入教学的重点和难点，有了前面的迂回，就很容易掌握重难点内容了。

10. 情境导入

讲课前，教师可以依据本节课要求讲授的知识，创设一个相同或者相似的教学情境，可以通过生动的教学语言、丰富的表情以及多变的教学动作，也可以通过声音、图片、影像等方式来构建浓厚的教学情境，激发学生情感，使学生产生共鸣，带给学生身临其境的感觉，顺利让学生进入课文中所描绘的情境之中，自然地去接受知识。

11. 悬念导入

悬念，是指因为某些原因暂时没有解决的问题。通过设置悬念，能够引起学生学习的兴趣，因为好奇心可以使学生产生一种急于得到答案的心理状态。教师一定要善于设置悬念，也就是说能结合新知识，以教学目标为依据，通过设计问题使新知识化为悬念，这样可以很快让学生的注意力集中到教学内容上来。

12. 比较导入

比较导入，就是抓住新旧知识的联系，先找出共性，再通过比较分析不同点的方法导入新课。

13. 归纳导入

通过针对性地把新学知识中比较有趣又很重要的知识点做归纳和总结来导入一节新课。如教师讲解《游褒禅山记》时，抓住课文中"其"字出现多次的特点，先给出"其"的多种解释，展示出来，然后再让学生自己研读课文，把本文中的"其"字的意思弄清楚，这种方法最常用在复习总结课。

14. 实践导入

让学生参加与课程相关的实践活动，通过此来导入新课。

15. 作业导入

先根据课堂教学内容和目标要求布置一定难度的作业，以便能够引起学生的兴趣，集中学生的注意力，如果学生在反复思考之后解答不了，就会产生跃迁的紧迫感，他们就更加渴望并愿意认真地去听老师讲解。其中需要特别注意的一点是，形式和内容可以十分多元化，作业可能是笔答题，也可以是口答题。

16. 提问导入

就是通过口头提问相关问题导入新课。

17. 讨论导入

给出开放性问题，组织学生讨论，以实现思维激荡，激发学生思维的活跃性，从而使学生集中注意力，初步体会新知识，然后导入新课，这样学生就能自然接受新知识，顺利进入新课程。

18. 摘录导入

在讲授新知识之前，让学生认真地通读一篇课文，摘录这篇课文中的关键性的词、句、段，然后自然而然地进入课文全文的理解掌握，这样就能凸显出重难点，让学生抓住关键点。

19. 课题导入

通过直接地分析题目的基本意思和主要含义，以此形式激发学生的学习兴趣，顺利地进入对所学课文内容的深入理解。例如《答司马谏议书》这种题目内涵较深的课文都可以采用这种方式。

20. 故事导入

把新教授的内容（其中的片段）改编成或寓意深刻或轻松幽默的短篇，讲给学生听，顺利地导入一堂新课，通过铺陈渲染、绘声绘色讲故事，引起学生对新课的兴趣。如讲《苏武传》，可以从"苏武牧羊"的故事入手，过渡到新课文的讲授。

21. 奇闻导入

通过向学生介绍新知识点有关的奇闻趣事，激发学生的兴趣，吸引他们的注意力，导入新知识。

22. 诗词导入

我国是一个"诗歌的国度"。诗语言精练，情感丰富，读起来朗朗上口。选用诗歌的形式来进行导入，能够大大加强课堂教学的趣味性和吸引力，所选择的诗词，可以直接应用古今中外各种现成的一些名诗、名句，也鼓励教师自己编写。

23. 歌曲导入

通过播放歌曲导入新课，学生欣赏相关音乐，可使心情愉快，快乐地投入学习，有利于智力发展。

24. 图画导入

通过展示的图画，吸引学生的注意力，导入新课。图画充满了形象的语言，可以大大增强课堂教学的效果，激发学生兴趣。例如《登泰山记》，可事先在课堂上绘制一幅旅行游览地的示意图，以这幅示意图直接作为"向导"引导学生进行学习，还可以让他们自己动手绘制，激发他们去探索和创新，培养创造力。

导入的设计必须要根据教学内容、学生的学习能力等因素来进行，只要我们开动脑筋，肯下功夫去进行钻研，那么一定能设计好适合新知识、新颖别致的艺术性强的导入语。同时，我们一定特别要注意导入语的科学性和时间性，要力求做到精练、灵活，不可哗众取宠，更不可累赘拖沓、喧宾夺主。要简明、实用，为课堂和教学中心服务，这样我们才能够很好地发挥导入的艺术功效，激发学生的兴趣和吸引学生的注意力，打造好教学得以顺利进行的基础环节。

第十章

思维培养

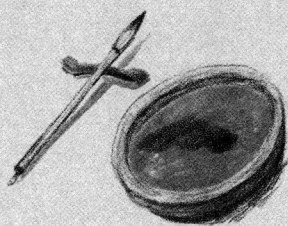

第一节　直觉思维的培养

一、直觉思维的培养

直觉思维指的是一种整体、简单，并且呈现跃进式的思维，是人们通过自身具备丰富的专业知识与实践经验的前提下，能够在短暂的时间内，非常直观地去准确把握某一事物的本质，为瞬间对其所作出的判断提供依据的一种思维表现。直觉思维能够在较短的时间内，对事物做出实质性的反应，所以，它发挥作用的前提是要具备一定的知识技能。这也很好理解，学生不可能在没有任何知识基础的情况下，就能快速对内容作出判断，即使能做出判断，也好比是无源之水，是没有思维基础的。学生必须具备一定的对知识的深刻理解，并且经过运用的训练过程，从而掌握一定的技能，才具备培养直觉思维的可能。

1. 培养学习技能是发展直觉思维的基础

著名的数学家笛卡儿这样说过："最有价值的知识是方法的知识。"这充分说明，教师在组织课堂教学时，要灵活采用各种各样的教学手段，使学生真正理解知识，并内化为运用知识的能力。教学要注重结合教学内容，给学生展示、呈现丰富的感性材料，以培养直觉思维。把抽象的知识和形象的感知结合起来，通过具体直观的演示或活动等手段，培养学生抽象概括的能力，帮助他们把所有的知识都内化成技能。

2. 利用多种感官发展学生的学习技能

课堂教学的目的不仅仅在传授和学习基础知识，而应该更多地去促进学生的全面成长（其中一个重点就是思考能力）。

在课堂教学中，教师应该要充分地调动学生的情绪和感觉，让他们有目的地去看、去听、去自己动手操作，发展并提高学生的整体综合素质，让他们掌握更多学习的方法，形成自己所需要的学习技能，培养提高学生的创新能力。

"悟"即理解，是引导学生自我探求知识本质的一种心理过程，是促进知识内化的重要过程。学生通过活动发展思维，在思维指引中活动，以"动"启思。在动手、动脑的基础上动口，由直观到抽象，表述出不同环节的操作感知，可以培养学生掌握学习本质，形成知识体系，发展综合能力，提升直觉思维。所以，学生需要时刻用心地去体会和感悟，知识的核心规律才会真正呈现在眼前，知识融会贯通也就水到渠成，也就促进了学生直觉能力的提高。

二、直觉思维的培养

直觉思维指的是在人的头脑中运用形象来进行思维，是一种能够借助于直观的事物形象进行问题思考并且问题能得到解决的思维手段。它由表象、联想、想象以及情绪等多个因素组成。在课堂教学中，只要课堂上有新鲜的东西出现，就会引发学生的好奇心，一定能够激发学生主动地参与到学习活动过程中去，极快地产生进一步学习的冲动。

直觉思维的建立依赖于学生丰富的想象力。在教学中，教师一定要使用更多的方法，使得教学内容与学生现实生活相联系，多采用直观显现方法体现教学内容，使知识更清晰地展现在学生面前，使知识更加具体、形象化，学生就更容易接受，加速其直觉思维的发展。

通过让学生动手操作并描述操作过程，可以使学生所形成的印象更为深刻，学生的直觉思维在这个过程中得到优化。学生在实践中进行一个动手操作的环节，也是一个让学生在实践中亲身体验从一个已知环节走向未知环节探索的过程，教师需要在实践中创设比较多的条件，以便能够使得每一个学生都拥有丰富的想象力和空间。

第二节　逻辑思维的培养

逻辑思维是一种肯定的、前后统一、条理清晰、有理有据的思维。逻辑思维同样也可以说是一个以概念作为材料，以语言作为表达媒介，以抽象作为其特征，以判断、推理等作为其基本方法和形式的一种推理能力，是创造思维过程中的关键一环，是一种能最终实现创建理论的思维过程。

逻辑思维能力强大的人，具有很强的条理性，善于清晰地分析问题，善于借助清晰证据说明问题，具有一双敏锐的眼睛，善于总结规律，有一颗好奇的心，对一切事物充满了问号，喜欢刨根问底。所以，一定要注意学生的逻辑思维的培养和训练，这对学生的未来是必要和有重大意义的。

一、精心设问

亚里士多德说过："思维从对问题的惊讶开始。"学起于思，思源于疑，创新性学习过程的起点就是疑问。通过设置疑问，从中寻找问题根源，找到解决问题的方法，只有多动脑、多思考才能让智力飞速发展。所以，教师在教学过程中要善于设疑，通过学生反应，了解学生对知识理解的程度，通过了解这些实际情况，帮助教师更好地把握新旧知识结合点，更快更好地突破重难点的教学。通过组织学生小组学习、讨论等形式能解决很多问题，有比较有趣的问题可适时提出，给学生创造相互切磋、促进的机会，让学生各抒己见、各显其能，这样使课堂气氛更为热烈，激起学习的兴趣，学生思维积极性也更为活跃。

数学内容是相互联系的，想要充分挖掘学生的潜能，把课堂教学过程打造成一架可帮助学生攀登的"云梯"，使学生体会知识形成的规律，自学新知、掌握技能，那么就不能忽视逆向思维训练。逆向思维训练是以问题为基点，发散思维，去探寻问题之间相关联的条件，将只从解决这个问题而去的单向联想，变为从两个方面或者多个方面都能够起到积极作用的双向及多向联想思维。

通过逆向思维，把问题逐渐向我们以前掌握的解题类型靠拢，从而找到解决问题的方法。这样自学新知，新旧结合，给出问题，引导学生自己去想办法解决问题，做到收放自如，培养学生的知识迁移以及类推能力。所以，教学中，一定要重视发展训练学生的逆向思维，顺次引入新知，一定能收到事半功倍的效果。

在课堂中，学生是主体，关注点应该放在让学生学会学习、理解、思考上，在这个过程中，想办法去逐步发展学生的思维敏捷性与灵活性，最大限度挖掘学生思维的广度与深度。

二、积极思维

教师在教学中应该注重设计学生感兴趣的环节，通过学生自己的积极参与，去寻求解决问题的办法，以此获得成就感。

教师应该要非常重视如何激发学生对课堂的兴趣，采用多种途径激起学生的积极思考，如提出一个具有开放性的问题，鼓励学生思维发散，寻求多角度、多种途径的问题解决方式。在分析和思考问题的整个过程中，一定要注重引导学生，尽量从多方面、多层次、多角度去分析和思考问题，对于问题的具体解决方式要敢于标新立异，从而进一步地培养学生的自主创新意识，提升其创新能力，发展学生的逻辑思维。

三、分析问题

课堂学习不是单纯的知识的教学过程，教师还要注重学习方法的渗透与指导。

要指导学生遇到疑问的时候，学会找到科学的方法并解决问题。要注意学转化思维的训练。在解决问题过程中，培养学生的灵活性，自如地运用转化、迁移等思路去解决问题，有利于发展学生逻辑思维能力。

教师要注意引导学生在面对学习上的困难、面对生活中的挑战的时候，一定要保持正确的心态。只要细致、用心地去分析问题，并且建立强大的自信心，那就一定能成功解决问题，这对于培养学生自信、自强的良好心态也很有好处。

四、实践参与

随着教育改革发展，一种新型的学习活动随之兴起，那就是实践与综合活动。在课堂教学中，教师也要重视这种活动的组织，要创设学生参加活动、动手实践的机会，让学生亲身体验。开展合作与交流活动，发挥学生主动性，引导学生积极地去解决问题，通过实践，使学生获得新知识并掌握寻求问题解决的策略和方法。

五、解决问题

现在的教育对教师提出了更高的要求，仅仅拥有渊博的知识是不够的，还要具备教会学生怎样学习的能力。教学中，要能够创设合适的情境，给学生独立思考的机会，还要精心设计给学生提供更大的独立思考的空间，让知识顺理成章地成为学生独立思考的果实，真正实现从"授人以鱼"到"授人以渔"的转变。

在课堂教学过程中，要培养学生的问题意识，并且提升发现、提出和解决问题的能力。在教学中，要尽量让知识与生活实际贴近，并创设适合的情境，给学生操作机会与空间，形成一种探究的氛围，让学生自己去探索理解，培养学习的兴趣，发展探究精神，培养应用知识的热情和实际操作的能力。学生在参与这种以解决实际问题为导向的学习过程中，逐渐形成个性，从而亲身经历知识形成的过程，快乐地学习。

在教学中，教师为了尽快完成学习任务，往往会对知识统一处理，从而对知识形成过程有所忽视。这样做就极大地限制了学生思维能力的发展与提升，极不利于培养学生的创新精神。在教学中引导学生亲历求知活动，学生对知识的理解会更深，教师一定要重视这一点，多让学生参与这样的探索过程。

学生亲历知识产生过程，会收获发现的愉快，从而产生浓厚的兴趣，激发强烈的求知欲。当然，学生探索的过程也不会永远一帆风顺，失败也是经常存在的。对这种现象，教师万不可一句带过，草草了事，要积极发挥教师的引导作用。例如可以让那些掌握知识的同学当"小老师"，通过分析、比较，找出没有掌握的原因，进行有针对性的改进。很多时候，这些失败的经历恰恰是教学惊喜，为我们提供了宝贵的借鉴材料，是鲜活的案例。

六、打破常规

课堂教学中，教师要避免呆板、机械地教学，也要避免学生形成机械性思维，因为机械性教与学只会带来没有活力的课堂，失去学习的快乐。课堂教学中，教师要注重灵活地呈现，让学生灵活地学习，从而进行创造性的学习，使知识融合并且贯通，能够学以致用。教与学要注意避免思维定式的形成，那什么是思维定式呢？

思维定式可以说是一种思维所形成的思维惯性或思维的惰性。

比如，教师统一问："同学们，这些知识都掌握了吗？"答："掌握了。"其实，真的全掌握吗？应该不是的。有一些学生是在故意迎合教师的思路，也是为了随大部分学生的回答，因为他们怕受到批评，或者怕让别人知道自己没有掌握而不好意思。可见，如果学生的心理长期存在这种思维定式，会逐渐害怕学习，扼杀学习的兴趣和信心。

教学中，教师要精心设计教学环节，对哪些内容学生会感兴趣要有基本判断，并且多展示这样的题目，把学生的积极性调动起来。如以具体的生活情境为素材，使学生感到亲近，从而激发学习兴趣，对学习产生更大的热情。而从训练内容上讲，要体现层次性，构建一种递进的过程，让学生快乐学习的同时提升思维能力。

七、放飞想象

学生的思维如同蓝天一样开阔。教学中，教师应该注重最大限度地挖掘学生的创造潜能，为学生提供广阔天地，让其个性更好地发展，让他们拥有一个自由的空间，让思维自由地驰骋。要让学生敢于想象，并且能长久拥有这种可贵的精神。

比知识更重要的是想象力，因为人掌握的知识是有限的，而想象力能涵盖一切。想象力是推动社会进步的动力，能促进知识的进化，因此，教学过程中，教师一定要重视学生想象力的发展与培养。

在学生的成长过程中，一定会有这样或那样的疑问，只要能多问几个"为什么"，就为开展想象创造了充分条件。在教学中，教师要重视这样的机会，要尽量主动去创设这样的机会，并且加以正确引导，为学生的想象插上起飞的翅膀。

"教学艺术的本质不是传授本领，而是激励、唤醒和鼓舞。"因此，我们要明确以后教学的方向，知道今后怎样教学生，教学生学什么。教学过程中，教师要注意保证学生主体地位，加大训练学生思维能力的强度。这样做，会使课堂教学过程不断优化，教学效率也会有很大提升，同时也能培养探索进取精神，最大限度激发学生学习的兴趣。学生参与活动的积极性高，亲历知识形成的过程，既有利于掌握知识，又发展智慧。要让学生充分体验参与的乐趣、探究的乐趣、成功的乐趣，让学生在充满趣味、充满美好的情境中学习，全面提高思维能力。

第十一章

提问方法

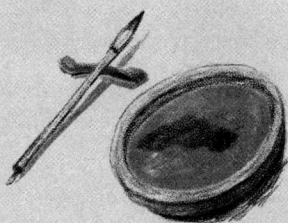

第一节　在启发中问

在教学中，提出问题有着很重要的意义，也是教师能力的体现，但教师仅善于提问是不够的，还应该善于启发学生提出问题。朱熹说："读书无疑者须教有疑，有疑者须教无疑，到这里方是长进。""学起于思，思源于疑。"学生有了疑问，就能打破平静，使思维活动活跃起来，学习才不会是表面功夫，满足于不求甚解。因此，教师提出问题很重要，但引导学生自己提问更为重要。

如果仅有教师的提问，学生就无法在课堂上摆脱被动式思维学习的局面。但是，如果想让学生提出更多问题，讨论问题，又很难一下子实现，这需要教师掌握"激问"的艺术。

首先在"激问"前，要留给学生一定的时间深入思考教材。一次，一位教师应邀到外地某学校上《祝福》一课，出发前，先安排学生熟悉课文，发散思维，尽可能多角度地提出一些问题。教师到达后，没有着急去上课，而是安排时间让学生读课文，并且指导学生想问题。结果，同学们居然提出了上百个问题。

自然，并不是教师留下充分的阅读时间，课堂上就会提问多多。寂静无"问"的情况也时有发生。其实，经过阅读沉淀，学生的思维状态如洪水激荡，但是现在有一道闸门挡着，阻止着洪水喷涌而出，教师一旦能开启这道闸门，各种问题就会源源不断地冒出来。

怎样才能巧妙打开"闸门"，启发学生提出问题呢？

一、投石激浪巧提问

课堂上提问时，教师一定要做到善于调动自己的感情，去引导学生，去拨动每个学生的心灵；要充分运用知识带来的各种情绪因素，去引导、触发学生思想情感的迸发，使得学生和作者、文章的各种思想和情感融为一体，产生情感呼应，并且产生"融美于心灵"的共振。古人经常说："感人之心，莫先于情。"调动情感的提问方法最能感染学生，也是激发学生积极性的一种最佳方法。

为了让学生精心思考、设置问题，在课堂教学中，不仅教师要能够主动地发现并提出自己的问题，而且还要能够引导学生从中得到灵感的启发，走上一条精思质疑的道路，这就是投石激浪。这块"石"就是教师通过自己精心设计，展示出的提问范例，这个"浪"就是学生积极学习、活跃思维的行动。

研究结果表明，影响学生掌握新概念的重要因素之一就是认知结构变量的可识别性，也就是说，新概念和学生自己原有的认知结构中的相互关联概念之间存在着分化。若学生学习的新概念与原有相关结构没有进行精确分化，学生便不能很好及牢固地掌握新概念。因此，为了分化新旧概念，教师需要采用示范引路、对比设问的方法。

二、在比较中激发思维

只有通过比较才能够鉴别。比较能够启发学生的思维，也是一种可以激励学生自己提出疑问的良好方式。

1. 在比较中发现规律

创造思维的一个重要的品质是观察敏锐，能通过观察、分析、比较来发现规律。课堂教学时可以通过多媒体教学如展示图文并茂的幻灯片、播放形象生动的视频以起到激发学生强烈兴趣的目的。

2. 在比较中激发思维

培养发展思维是教学的重要任务。通过给出生动的故事、形象的图片等教学资料，运用比较的方法，能很好地活跃学生思维。

3. 在比较中深化思维

认知心理学说明，学生对很多知识、规律的认识和掌握一次是不能完成的，对知识的理解也会有一个不断深化的过程，通过比较学习，就能深化思维。

4. 在比较中发展思维

学生学习的进度与结果要及时反馈，及时调控，及时评价，及时强化，需要引导学生多方面观察、多角度思考，让学生试着提问题并分析问题，运用推理、比较等方式把较复杂的问题降化、简化，从而得出正确的结果。

5. 在比较中活跃思维

（1）对比可以促进正迁移。一般来说，后面的知识以前面的知识为基础，后面知识是前面知识的引申和发展。在课堂上要能对新旧知识进行比较，找到新旧知识之间的联系，使得正迁移有效进行。而进行新旧知识的比较，突出前后的练习是很重要的。

（2）对比可以揭示矛盾。教学时，运用比较分析的方法，揭示知识间的矛盾，可以激起尽快去学习新知的欲望，最大程度刺激学生的学习兴趣变浓。通过新旧知识的对比，揭示矛盾，能使学生兴趣高涨，很快进入最佳状态，活跃思维。

6. 在比较中形成良好的认识结构

比较按时间和空间标准可分为纵比和横比。运用纵横对比方法，能帮助学生整体去认识知识，更容易去掌握知识，帮助学生理解各部分之间的联系，能较快较好地形成和发展良好的认识结构。

7. 在比较中发展求同、求异思维

比较按目标指向，可分为求同比较和求异比较。在教学中一定要根据知识的特点，选用异中求同的类比或同中求异的对比，或者两种方式共用。

（1）异中求同，认识知识的本质。有些知识间表面看差异较大，但它们在本质上有着一样的特征，通过类比分析，就能找到它们之间本质的特征，帮助学生加深对知识的理解。

（2）同中求异，提高观察、对比能力。有些题目，看起来好像一样，有很强的相似性，但其实有本质上的不同。只要细心观察，细致分析，就能找到其不同点。这样能促进学生理解知识，尽快掌握解题的方法。

三、鲜明的学科特点

教师要掌握理解学科特点，帮助学生掌握提问的方法，知道观察分析的角度，从而更好地提出问题。下面总结几个语文提问的方法。

1. 查寻异常

一些非比寻常、不按常规的写法，以及一些不同寻常的内容常常出现在课文中。如果找到了这种内容与写法，问题就提出来了。

2. 揭示矛盾

在同一篇课文里，有时会出现两个相反或相对的意思，构成一对矛盾，这可能是作者有意安排，以表示特殊用意，学生如果能发现这些矛盾，也就会提出问题。

3. 假设对照

选定文章的精彩部分或整体，做出处理，然后假设出一个对立的内容或对立的写法，再与原文进行比较、互相对照，认真分析、思考两者之间的异同，总结优劣，这样的过程是假设对照。

假设对照可分为两大类：

（1）增减性假设。增减性假设是基于教学需要，假设增加或者去掉某些内容或写法，并且与原文对照，总结优劣，这是假设对照的实际操作方法之一。

（2）更替性假设。更替性假设是重新创作，用与原文内容或写法完全不同的文章，以取代原文，然后两者比较，总结优劣，这也是假设对照的实际操作方法之一。

4. 对照探索

当阅读某篇文章之后，还是难以发现有什么问题的时候，如果能找来另一篇与原文内容相近或文体相同的文章，把它们放在一起阅读，然后比较分析，就会从中发现一些问题。首先要搞清楚两篇文章存在的不同之处，再分析比较是什么造成这些不同。在比较分析中，问题很自然地就出现了。

5. 推敲选择

对所学习作品的内容或写作方法，提出两种或两种以上的不一样的见解，然后进行分析，从中选择出一种正确的答案，这就是推敲选择的方法。

6. 分辨判断

阅读结束后，如果已经对文章的内容、结构、手法、语言等有了一定的认识，这就说明阅读已经有了深入的表现，但如果到这里就停止就满足了，那么阅读就不会继续，也就不会再深入了。如果自己对其写法的优劣提出问题，并寻求解答，这就需要对文章做更深层次的钻研。这就是辨别是非、判断优劣的质疑方法。判断自己对文章的理解是正确的还是错误的，就是是非性判断；判断课文中的某种安排、某种写法、和手法、某种表达方式是好的还是不好的，这就是优劣性判断。

7.探求详情

探求详情是先对文章中心思想做概括或简要的描述，然后再做具体、深入的探究的一种质疑的方法。

8.寻根问底

事件的发展变化具有一定的基本规律，总有发生、发展、结局的过程。如果阅读时，读到了上述过程中的某一个环节，就要去仔细寻求另外的两个环节。这种寻求也是提出问题的过程。既可以从事件的起因去寻求事件的发展和结果，也可以从其中一个情节的发生去寻求事件发生原因和事件得到的结果，还可以在梳理清楚文章的主要内容之后，去总结文章的中心。

俗话说："提出问题就已经解决了问题的一半。"想要充分培养学生的创新能力，其中最重要的便是我们要能尽力去引导学生提升提出问题的能力。牛顿如果没有提出苹果掉落问题，就没有了深入思考的契机，那样还怎么谈得上发现万有引力定律呢？瓦特若是没有发现开水壶盖上下跳动的问题，那么他也许就无法改进蒸汽机。通过这些我们知道，老师在实践中掌握"激"问的技艺就非常必要。

四、保证主体地位

学生积极进行课堂提问的根本条件之一就是让学生明确自己的主体地位，想要激发出学生进行课堂提问的积极性和主动感，必须要提升学生的课堂主体地位，并且让学生增强课堂的主体意识。

怎样增强学生的主体意识呢？

1.明确学习目标

清晰的教学目标给教与学的开展指明了正确的方向。想要真正明确教学的目标，首先就需要仔细考虑教学内容的差异性、学生的实际情况，从而选择采取不同的教学形式和手段。一般而言，大部分的课时目标都是由教师直接地告知学生。对那些课程中知识点比较多的目标，教师可以随着课堂教学过程的推进而逐渐地揭示，最后再对其进行归纳整理。有些目标也可以在课前让学生自己提出，有些目标则可以保持神秘，在学习过后，再让学生整理得出。

2. 创设提出疑难的机会

"如果能提出一个好问题，那么就比解答十个问题收获大。"这句话虽有一定的夸张性，但"学贵有疑"之说古来有之，这充分表明，质疑在学习中的作用是很重要的。在课堂教学中，一定要尽量让每个学生都毫无保留地去进行提问，使每个学生真正成为学习的主人，这样也是确保其主体性的举措。

3. 要让学生参与教学过程

学生参与程度的深浅是衡量教学质量高低的基本标准。在课堂教学中，老师提出一个问题，一些学生反应迅速，马上举手准备作出回答，可以说这些急于回答问题的学生属于亲身参与教学了。但那些不够积极的学生究竟是否也投入了学习过程呢？这就很难做出判定了。所以这就需要我们的老师在做课堂设计时一定要"精心"，力争让学生感觉既"妙"又"趣"，争取让课堂妙趣横生，这样才可以充分调动和激发广大学生的参与热情，有效地确保学生在学习中的主体地位。在课堂中，老师一定不能因为都有几名学习能力强的学生积极参与、对抛出的问题回答正确就沾沾自喜，一定要面向全体，要搞明白所有同学的参与度。所以，教师应该要积极去探索和改进教法，积极推广和运用"互问法""表演法""实验法""讲座法""反馈法"等具有益处的教法，以引导和吸引广大学生积极参与到课堂教学中，全面提升学生的学习主体意识。

4. 要让学生参与解答过程

在实际的学习过程中，学生往往都会在遇到一些疑难问题，从而感到困惑，这些困惑一旦出现，就要积极地去进行解决，而解决困惑的过程就会临时地形成教学过程中的一个小高潮。这个时候，教学经验丰富的老师绝不会单纯解答完问题就结束，而是应该努力去激发学生主动讨论，对问题做剖析，借此引导他们更加深入地理解所学的课文，极大地丰富课文内容，深挖课文内涵。

5.要让学生总结归纳

现代教育已经开始非常重视对学生学法做细致指导，教学改革的主战场也已经转移到了"授人以渔"。想要达到这个水平，首先学生必须要真正地理解和掌握并且熟练地运用一定的方法和学法，必须要学会总结学法，这个时候，教师的细致设计和正确而合适的引导也是必不可少的。

6.要让学生自己发现

课堂上，学生自觉主动地投入学习，是取得较好的教学效果的有力保障，如果学生总是被动去接受知识，效果就大打折扣。提高课堂的教学效率，需要正确处理好教学内因和课堂外因间的关系，解决好课堂上教与学之间的矛盾，教师主导与学生主体作用互相促进，调动并培养学生学习积极性和主动性，让学生成为真正意义上的主人。这样在课堂中，广大学生的学习主观能动性才能最大发挥，自觉、主动、积极地去学习、去探究，从而获得、掌握、理解并学会应用新的知识。

为使学生探索过程以及收获落到实处，不断提升学生的探索能力，需要让他们充分去感受，真正亲历知识的形成过程，实现知识的内化。在探索活动中教师不能撒手不管，教师要仔细地观察活动过程中学生的各种行为、情感和表达，仔细地观察他们的言语、形态、眼神、手部动作和身体状态等，然后深刻地体会学生的心理波动，结合其实际思维状况和所掌握的知识水平，随时关注学生状态。如学生进入冥思苦想，以及其他的类似状态，表示学生的思维极其活跃，教师一定要重视，为随时调整教学进程作参考。

如果学生在探索中有发问和发现，教师一定不要轻易做肯定或否定的判定，而是要积极地鼓励与启发。这样做既能培养学生边观察边操作边思考的良好习惯，还能铸就迎难而上的优良品质，提升语言表达能力，有利于提高学生的思维水平。

7. 要让学生参与考核

考核既是信息反馈的一条重要渠道，又是改善和提高课堂教学质量的有效举措，也是评价教与学成效的主要方法。传统的课堂考核方式就是由教师负责出题，学生负责解题。但随着经济和社会的发展，对人才的培养水平和要求也逐步提高，这种考核方式的缺陷和弊端逐渐显露，其最突出表现为，在考核中，学生置于"被动地位"，完全没有主动性。我们始终认为，学习效果的考核是教学过程的重要一环，学生这个学习主体理当是考查工作的参与者。所以考查方式的改进是必需的。

如何在考查这个环节突出体现学生主体地位呢？除特定的考核之外，可以采用以下的办法。具体可以分为三个步骤：

（1）学生根据所学知识各自拟卷。之后教师根据教学目标要求对学生所拟的试卷考查评分，并依据试卷的难度指定出答卷的学生。

（2）学生答卷。

（3）教师阅卷和学生互评结合。学生先解答自己拿到的试卷，然后把试卷让出卷的同学去批改，之后教师收取试卷，并且分别评出阅卷和学生答卷的得分。最后教师以教学目标为基础，以所有学生拟出的试题为题库，拟定一套或者几套统一标准卷让各层次学生分别解答。解答后，由教师统一批改，也可交由同学分批。这样，表面上看，新的考核过程变得复杂，但实际上不管是从考核形式、时间还是从阅卷灵活度上看，这种考核方式都有了很大的改进，师生在这个考核过程中有了更大的宽松感。学生，这个学习的主体，在新的考核方式之下，始终体现其主体地位，主动性大大增强，学习兴趣越来越浓，心情也比以前更加轻松愉快了。考查环节不再是严肃，能充分发挥它的积极的作用。

五、善引善导

老师要善于对学生做出恰如其分的激励，这样能有效地调动学生的学习积极性，从而能更容易实行各种调控，能大大提高教学质量。学生的成绩等于激励能力，这个公式很明显说明一个问题，学生的成绩会随着激励的增长而增长。在学生有意识地提高其主体地位意识的基础上，教师如果善引善导，善于激励，那学生提问的积极性就一定可以"更上一层楼"了。要做好激励需要有以下几方面的因素：

1. 切实的目标

学生提问的目标应定为最近发展区。目标如果滞后，学生就会失去兴趣；目标如果提前则难以实现。也就是说最好的目标是学生"跳一跳"能够摘得"桃子"。在这一原则的指导下，在教学过程中教师一定要掌握学生的年龄、水平层次、学习潜力及其他实际情况，再根据这些制定出适合不同层次学生发展的近期、中期和长远学习目标，争取把目标制定得更具体、更恰当，这样就能最好地去激励学生。比如有一些害怕提问的学生，近期的目标就是鼓励他敢于提问就可以了；平时能勇于提问，而且提问数量也多的学生，近期的目标就是要求提高提问的质量，去思考问题是否明确清楚，问题是否抓住了关键。总之，学生经过他们的努力可以体验成功，感受到成功的喜悦之后，会使其学习兴趣更加浓厚，而且会更加刻苦学习，乐于提问。

2. 及时的表扬

教学过程中，教师一定要随时注意学生的提问，并且要善于发现其中的优点，与此同时要及时且恰如其分地提出表扬。对学生的表扬越及时、越具体，收到的效果也就越好，所起到的激励作用也就越大。在课堂教学中我们要紧紧抓住各种鼓舞和激励的时机，对提出了好问题的每位学生（特别是后进生）及时予以肯定、称赞，使他们的兴趣越来越浓，更加有自信心，从而去努力学习。除此之外，也可以适时地组织一些小规模的评比活动，一样可以发挥表扬和激励的作用。如我们可以针对那些在课堂上提问积极的同学来进行细致的评比等，把评出来的优胜者及时登录在表扬栏里，并赋予不同级别的星号，累计每得五个，再另外加一面红旗。这些活动既适应了学习者争强好胜的精神和心理特征，又能照顾到不同学习能力、不同年龄层次学生的精神和心理需求，有利于营造人人竞争先进、大胆发言和踊跃提问的积极课堂氛围。

3. 真情的感应

教师引导学生要做到"动之以情，晓之以理"，要像慈母一样，用爱心去关怀并爱护他们，而且要尽力去帮助他们。这样的诚挚之爱才能成为打开他们精神心智大门的利器。当我们的学生真实地感受和切身体会到了教师的亲切关怀和热忱爱护时，就一定会使其产生一种认可和肯定的情感，从而更加乐意接受老师的谆谆教诲，并努力将老师提出的要求转变成自己的一种自觉行动，有问题就能主动提，积极提。如果学生提问不当，切忌讽刺嘲笑，而是要引导鼓励，对他们的积极性要热情保护。

4. 真切的期待

美国心理学家罗森塔尔等人进行了一个有趣的科学实验。实验的目的是"预测小学儿童未来的发展"。有意思的是，实验之前，罗森塔尔等人没有告诉师生真实的实验步骤方法——什么也不做，他们装模作样地只是随意照名册上抽取一些学生的名单，然后向校长和有关教师提供信息说，这些孩子是"最佳发展前途者"，并提出实验的纪律要求——严格保密。

八个月后，他们又来到这所学校进行测试，结果发现凡是原先进入这个名单的学生，智力发展水平都达到了较高水准，特别是孩子们个个性情活泼，和老师的关系非常融洽。这就是有名的罗森塔尔效应。

实验证明了"越夸越灵"这句话的实际效应。反过来，我们处处打击学生，总以为学生笨，时常在言语上对其冷漠嘲讽，时间一长学生形成了自己真的不行的消极心理，结果不思进取。因此，我们要给学生以真切的期待，鼓励他们成长成才，老师真切的期待，学生们才有真正的希望。

5．有趣的方法

（1）趣在真奇。只有真了，学生才会信。我们可以让学生喜闻乐见的事例走进学生的生活，让他们看得见、摸得着。他们真实地感到了事情的存在，便会相信，之后便有了探索的动力。有了学习动力，再来激发兴趣，"学习上最好的刺激就是对所要学的内容发生兴趣"。学生容易被新鲜的知识、奇异的现象或新奇的内容所吸引，教师不妨利用学生的好奇心，有目的地设计出一些有潜在意义的"挑战性"问题，对学生进行引导，启发学生去思考，促进学生思维发展。

（2）趣在激发。学生对一切新奇现象都怀有极大的兴趣，教师可以充分利用学生的兴趣点，激发学生探索新知的热情。如创设情境模拟场景，通过生动的画面或真实的场面，将枯燥的学习知识变为动态的求知探索，甚至冒险猎奇，从而激发学生的求知欲，让学生在无穷的趣味之中，养成善于思考、敢于提问的好习惯。

6．互动的艺术

任何一次课堂教学都是双边活动，需要老师和学生共同配合完成，因此，教学效果的好坏与师生的协同互动行为不可分割。作为老师，既要掌握互动的技巧更要掌握互动的艺术。因为在一节课的教学之中，学生的行为表现往往与教师的主导作用分不开。美妙的互动艺术，一方面可以充分调动学生思考的积极性，另一方面也可以更好地控制课堂师生答问的气氛、步骤和秩序。良好的互动艺术，是指在互动之中有鼓励、促进，也有批评、抑制，通过互动起到信息的交流与反馈等多种作用。互动的方法多样，要注意的是以下两点：

（1）互动之中的正面与反面。正面指的是鼓励、促进、赞许学生的行为表现。在一问一答的过程中，表扬、支持可以调动学生积极思考，引导学生积极向上，自信张扬。反面互动是指批评、抑制学生不规范的负面情绪，如对回答问题不认真或不认真听别人回答的不良行为予以批评。它是控制课堂节奏的有效手段之一。不管是什么样的互动，我们老师要利用表情、眼神、手势或其他体态语言和学生互动起来，让学生懂你的意思，按你的要求去做。

（2）互动之中的整体与个别。整体的互动，指对大部分学生或者是全班同学的要求与指点；个别互动是指对个别学生（优生、学困生）的赞许、批评、暗示等。互动之中，要让学生走进你的"行为之中"，引发每一个学生的积极思考，当然，这里要有方法的变化，因人而异，具体问题具体分析。

六、提问当在明处行

课堂提问不仅是老师的课堂语言艺术，更是一个老师教学艺术的综合反映，它可以吸引学生注意力，还能加强学生学习动力。因此，教师必须研究提问，尤其要做到不能为问而问，无问在问，要问在明处，问在实处。

早在 1912 年，就出现了关于教师课堂提问的研究，心理学家史蒂文斯在他的一个研究报告中指出，教师平均每天要提出多达 395 个问题，而且，在教师之间，提问的比例有很大差异，主要视学生的年龄、能力以及教师的经验而定。1967 年，心理学家帕特等人对教师的提问理由做了调查，涉及了 190 位教师。归类后发现：有 69% 的教师，说明其提问是为了检查反馈，是为了帮助教学；有 54% 的教师，说明提问是为了诊断学生理解难点；有 47% 的教师，说明其提问是为知识的记忆；只有 10% 的教师，说明他们提问的原因是激励学生去思考。心理学家唐纳罗托也做了类似实验，调查了 25 位有经验的教师，问题是提问的原因和提问的时间。所有的教师都指出，他们是为了获得信息而提问，同时他们提问学生也是为了检验知识和维持课堂秩序。一句话，问是为了让学生明白任务，懂得道理，激发思考。

七、提问亦有巧办法

课堂提问既然不是为"问"而行，而是课堂教学的一个重要的步骤和方法，那么我们的课堂提问应该注意：

1. 控制数量

不能为了有问而多问，数量要适中，效果求最佳。要考虑科目、授课类型以及课程结构等，做出最佳选择。一般情况下，设计大量理论内容的课堂不宜过多提问，因为需要学生记忆、消化学的知识，新课讲授的时候提问也不宜过多，因为新的内容学生来不及思考。当然，属于复习巩固类型的课程则需要适当多提问。

2. 保证质量

高水平的课堂提问，问题一般具有开放性，设计巧妙，能很好启发学生思维。尤其当学生给出的答案不在老师预料中时，教师更应新设问题带动学生思路，引导学生思维的行进。

3. 把握节奏

一是问话节奏，其中包括语调的顿挫、句段之间的停顿、重复关键词、语言与板书的交叉等。二是问题的节奏，问题的提出与解答，需要考虑中间的间隔时间。这段时间的长短，是提问节奏是否合适的决定因素。据研究表明，学生听清并理解问题，然后开始组织答案至少有 2～10 秒的间隔，并且问题的难易程度对此有影响，而且学生的性格特征也决定着间隔时间的差异，大概需要 5～30 秒不等。因此，教师要想把握提问节奏，就要考虑问题难易、语言组织、学生特点等因素。

八、提问的方法

在此，我们建议这样问——疑出在问重在思。我们都知道，问不是目的，而是引导学生去思考。朱熹说过："读书无疑者须教有疑。"教师问得巧，学生思考得深。为了能让学生对老师的提问有兴趣，有想法，愿思考，肯钻研，大家不妨试一试这样来提问：

1.悬念法

悬念能吊起学生的探究心理，引发学生疑惑心理，在以后的学习中学生一定会时时留神，处处注意，仔细寻找答案，强烈的求知欲会充满整个学习过程。

2.出错法

对于非常明白的道理，或者简单的知识点，学生往往觉得不用担心，都是十拿九稳的小事。所以，教师要利用其容易出错的地方，巧设疑问，让学生面对错误。当一切错误公之于众时，大家心里就清楚了老师的做法和用心。有时，老师故意出错，因为反映同类事物共同属性的概念及反映事物联系的原理具有一定的度，如果超过了这个度，将它推向极端，就曲解了含义。教师不妨"将错就错"用极端法激疑，培养学生用唯物辩证法观点理解概念和原理，克服形而上学和绝对化。

3.递进法

不要一开始将所有问题一股脑摆开，而要抽丝剥茧，层层深入，递进激疑，化多为少，化繁为简。

4.转化法

对于能够通过转化建立联系的概念、原理，都能用转化法去设疑、激疑，从而加强知识之间的联系，取得良好教学效果。

5.反问法

许多公理、定理、定义、概念的主次关系很重要，断然不可倒置。但在实际应用上往往轻视忽略，本末倒置。这类原理用反问式激疑对于加深理解原理，牢固掌握科学的方法尤为必要。

6.串联法

这是复习课时经常用的方法，要求学生把以前学到的个别的概念、原理串联起来，系统地整理知识，从而使学生系统复习旧知识，将知识串联起来形成知识网络。

第二节　在思考中答

从教师与学生之间的信息互动和沟通过程来看，教学活动的过程不仅是一种认识和理解信息的互动过程，同时在实践中也是一种情感信息互动的过程，尤其是在老师提问学生回答的过程中，教学过程时时刻刻都在影响着学生对教师认知信息的输入、编码和反馈。因此，老师设计好了问题，或者学生自己提出问题，这只是完成了教学成功的一半；另外重要的一半，就是要通过感情信息交流正确地启发引导学生积极回答问题，以达到"有疑则使之无疑"的目的。下面我们就来研究启发学生答问的艺术。

一、创造良好的气氛

苏霍姆林斯基这样说："让每一个学生在学校里都抬起头来走路。"课堂提问过程中尊重学生，让每个学生可以"体面地坐下"，就要求教师努力地去创设一种能够使每个学生积极地回答问题的课堂氛围，要从环境、气氛、条件和主动性以及方法和措施等因素考虑，使得每个学生在这样的一个课堂氛围中自信地抬起头，爱回答，敢回答，会回答。

在课堂提问中，如何让学生爱回答、敢回答、善回答、会回答，而且还可以让他们体面地坐下来呢？或许教师可以从以下几个方面着手：

1. 微笑提问

微笑其实本身就是一种师生沟通的桥梁，可以直接有效地沟通师生的心灵。微笑式的课堂提问不仅能够直接让学生在课堂上感到亲切，融洽课堂上师生之间的感情，还可以直接让学生向老师敞开心扉，近距离地直接参与人际互动和课堂信息交流。所以，微笑式的提问是让每位学生"体面地坐下"的重要教学前提。

2. 情境提问

这里所说的教育情境，指的是教育中环境与人际关系的和谐统一。教学情境会自然而然地直接影响到教师和学生的身体心灵，使教师与学生的心理和情感都得到启迪和激发，促进环境与教学之间的共鸣。情境提问，就是教师用实验、故事、寓言、声像等方法创设问题的情境，使学生产生对问题的共鸣。因此，情境提问是让学生"体面地坐下"的重要环境。

3. 普遍提问

普遍提问能够让所有学生始终保持积极向上的思考，唤起学生的内心动机，启发学生的智能和创造性发展。从而发挥非智力因素的动力作用。因此，普遍提问是让学生"体面地坐下"的重要动力。

4. 形象提问

形象提问就是教师尽量用手势、动作、实物、教具、幻灯片等教学手段，给学生以直观形象的提问，帮助学生明确问题和回答。因此，形中一定要有意，让后进生感觉到自己也是很有潜力和发展前途的，对他们的提问要欢迎要鼓励。这样有意地对后进生传递一些信息，会充分鼓舞和激励他们为了实现教师的这种"期望"去弥补自己在学习上的不足，会让他们加倍努力学习，赶上其他一些学习好的同学。

5 . 引趣提问

引趣式的提问是指教师通过运用激疑法、刺思法、故事法、游戏法、悬念法等多种教学方法，结合自己所提出的问题，激起学生主动去探索这个问题的兴趣，从而正确回答问题。因此，引趣式的提问被认为是让学生"体面地坐下"的手段。教师给出的开放式导语应该要富有教育趣味性，能够充分调动和激发学生的注意力，创设一个良好的课堂教学氛围，使得学生身心愉快地进行学习，这是提高课堂教学效率的重要保证。

6 . 奖赏提问

奖励性质的提问主要是泛指一个教师可以运用诸如口头表扬这样的一种奖励方式来引导学生。对于那些答题困难的学生，不能一味地急着给出一些批评，而应捕捉他们身上的"闪光点"，给予一些肯定或者小小的奖赏，并想方设法地启发他们正确回答后再静静坐下。因此，奖赏提问是让学生"体面地坐下"的重要催化剂。

7 . 递进提问

教师将困惑和解决难度较大的问题分解成较为容易被大部分学生充分理解的几个小点的问题，或者将大量的问题全部分解成一组小小的问题，层层深入浅出，一环扣一环地将其提炼出来进行讨论，逐步达到教师提问要求。递进提问是让学生"体面地坐下"很有效的方法。

让学生"体面地坐下"，是教师面向全体学生，热爱学生的具体体现。做到让每一个学生都"体面地坐下"，就要求每一位教师都要具有正确的教育理念、过硬的课堂教学技术和基本功、丰富的课堂教学经验和灵活多样的应变技巧。与此同时，教师还必须认真地备课，必须做到按照每一个提问的目标性、适时性、适度性、科学性、启发性、针对性、简明性、循序渐进性等基本原则，精心地设计每一个课堂的提问，使课堂提问优化，提高教学质量。

良好的、适宜的课堂环境能够促使学生表现出积极的情绪，使学生的智力处于一种最佳的状态，学生思考问题也会更加积极主动；反之，沉闷、冷淡、倦怠、过于严肃且紧张的课堂气氛会严重地压抑学生学习积极性，抑制学生解决问题的愿望。由此可见，创设良好的教育课堂氛围是激励学生积极解决问题的一个重要前提。教师和蔼的教学态度、亲切的话语，是我们创造良好的课堂氛围的重要手段，它能够使学生感到情绪激昂，思维活跃度提高，学习主动，会彻底消除一些学生回答问题时的恐惧心理。但有的教师，对于回答不理想的同学冷嘲热讽，有的还会声色俱厉地进行训斥，不注意保护学生回答问题的积极性，造成学生精神紧张，说不出话，思维过程中断。这样做会造成学生自尊心严重受挫，甚至会打消别的学生回答问题的念头，使师生关系处于严重的对立状态。

教师在向学生提出问题时，如果他们一时之间还回答不出来问题，教师就需要耐心地对学生进行启发和引导，给予他们再一次表现的机会；如果教师提问的问题过难，就可以将一个问题分解为若干个简单的问题，并且帮助学生有针对性地一个一个回答。这样既能够让学生思维受到锻炼，又能够促使学生获得问题解决后精神上的愉悦，从而调动和激发学生认真回答问题的积极性、主动性，创造一个良好和谐的课堂气氛。

课堂教学的对象是一群性格各异的学生，有时候他们也可能提出一些让老师意想不到的问题。这时候老师要具体情况具体分析，不能因为担心中断教学过程，影响课程的进度，而对这些提问采取冷处理的手法。这显然会打击学生的主动性。只要他们提出的问题是积极向上、健康有益、新奇新颖的，教师就应该表现出支持和鼓励，适时地调整或改变自己所预设的教学方案，应对学生的提问。对于不按照教师设计的教学思路去解决问题，另辟蹊径、别出心裁还得出正确答案的那些富有开拓创新精神的学生，教师也一定要注意保护他们的积极性，给予充分的认可与鼓励。教师不能不顾及学生的反应而强行将学生拉回到他原先所铺设好的课堂教学轨道中去，不能对学生一概否定，认为是学生故意跟自己作对而对其进行训斥。

相反，教师应热情鼓励这些肯动脑筋有创见的学生，并当众对其提出表扬，这样会使学生受到很大的鼓舞，甚至可能以后学习也会得到很大的进步。

当某位学生回答教师的提问不理想、遭到别的学生的取笑时，教师要积极机智地应对，不让受取笑的学生受到伤害，保护他的学习积极性和心理安全。

二、引导学生自己质疑

朱熹说："读书无疑者须教有疑，有疑者须教无疑，到这里方是长进。""思"以"疑"为先导，因此，"无疑者须教有疑，有疑者须教无疑"。可见学贵有疑。

"无疑—有疑—无疑"这是一种思维的矛盾转化运动，学生就是通过这种运动，增加智力提高能力。

在思维上，一旦学生感觉到了矛盾，就会产生一种迫切要求，那就是希望尽快恢复心理平衡。这种需求也促使学生主动地去努力思考问题，大胆提出疑问。

学起于思，思起于疑，疑解于问。"最精湛的教学艺术，遵循的最简单的准则就是让学生自己能问问题并且解答。"这是非常精彩的论断。教师解放了自己，让学生发挥能动性，去找出问题，还要鼓励学生多多思考多多提出问题，从博问中多识，从多识中博问，逐步培养发散思维能力。教师在教学中应抓住机会，创设实际情境，使学生的新旧知之间产生矛盾形成碰撞，从而出现强烈的解决问题的内部动机，学生思维活动的积极性得到极大调动。这是一些优秀教师的巧妙手段，也是成功的经验。

一个好教师不能单纯给学生奉送真理，更重要的是可以指引学生找到发现真理的方法。教师在精心设计问题时，要着重指出一些现象引导学生去积极主动地发现其中的规律，并归纳整理，得出结论，这种教学提问能激发学生思维、学习兴趣，能帮助学生掌握抽象知识，教会学生分析问题，探索规律的方法，会带来知识和智慧的增长。

设计提问的时候，教师要注意设计一些富有启发性的提问，要考虑教材的重点难点等因素，这样不但能激发活跃学生思维，还能培养定向思维，使学生迅速进入对教材重点的探索。这样的提问能激趣，并有利于良好思维品质的养成。

三、把握好提问的时机

掌握好提问的时机主要应做到两点，一是问在当问之时，二是问在当问之人。

1. 问在当问之时

教师提问的对象是全体学生，要让全班同学都听清问题，并留给学生一定的时间去思考问题，然后再让某个或某组学生回答。这样让所有学生有时间去思考问题，以免一些学生不注意听问题，更谈不上思考。不管怎样，要避免在学生毫无思想准备的情况下突然发问，造成学生情绪紧张而无法回答问题，引起学生的难堪。

2. 问在当问之人

教师课堂提问需要兼顾普遍性与针对性。要因人设问，对程度不一样的学生，问题也应该体现出不同。对那些没有答题欲望以及没有准备好的学生，尽量避免强行提问；对那些举手踊跃的学生，要先点名后让其发言。但选择回答对象时不能单纯以是否举手来决定。教师要善于观察，关注每个人的神态表情。那些看着老师，神态不慌乱，看上去成竹在胸的学生，他们虽没有举手，教师也应当纳入提问人选。教师要特别关注不愿表现自己的学生，他们就是知道答案，也基本不会举手，教师要多给这样的学生发言的机会，使他们得到锻炼，享受成功的乐趣。对于那些苦苦思索的学生，教师尽量不要贸然去提问，这样可能会打乱其思路，引起反感。那些极力躲避，看上去慌乱无比，有些恐惧的学生，如果教师让他们回答，还可能导致他们的对立情绪，所以教师最好不要这时候去让他们回答。对于这些害怕被提问的学生，教师不能也不应放弃不管，而是要在更加适当的时候，专门为他们设置适合他们难易度的问题，逐渐来培养他们回答问题的兴趣。

四、要鼓励学生积极发言

美国心理学家鲁布姆在《工作与激发》中提到期望理论，其公式如下：激发力量 = 效价 × 期望。激发力量——指调动人的积极性，激发人潜力的强度；效价——指达到目标之后对于满足个人需要的价值；期望——指根据经验判断一定的行为可以导致某种结果以及满足需要的概率。

从上述的公式中我们可以看出，期望与产生的激发力量是成正比的。因此，在课堂的提问中，教师要有足够的耐心倾听学生的回答，要正确理解学生的回答，不要无故中途打断学生的回答，教师要对学生的回答做出及时合理的总结，使学生获得清晰的结论。

在遇到很难回答的问题时，教师适当分解成几个小问题，循循善诱，逐步引导，创设适宜的教学情境，这样课堂提问效果就会好得多。如果教师能注意学生心理，以平等和善的态度、真诚热情的语言，肯定学生回答中对的部分，纠正错的内容，把他们的"负反馈"调整为"正反馈"，就能使学生掌握正确的知识，保护学生发言的积极性。

在学生回答方式方面，举手发言是我们应该大力提倡的，但同时也不能全盘否定"七嘴八舌"的讨论。这些讨论是学生专心听讲、勤于思考的反映，是他们思维活跃、求知欲强的良好表现。如果教师能正确认识到这一点，对这些行为适当肯定和赞许，又循循善诱地帮助他们提高课堂纪律的思想认识，使其逐渐养成遵守纪律的行为，就会达到保护他们优良心理特征的效果，使他们的优良心理特征逐步通过正确的方式表现出来，而不是遭到抑制、扼杀，他们上课勤于思考、积极发言的优点就可能长期保持。如果教师只看到这种违纪、混乱的表象而加以训斥，很容易挫伤学生发言的积极性。

用课堂提问来惩罚上课注意力不集中的学生，偶尔为之，自是无可厚非，但如果常常如此，会让学生认为答问是一种惩罚，这样会严重打击学生回答问题的积极性。

课堂提问，是教学的常规武器，是课堂教学过程中一种重要的活动方式，是一门具体实用的教学技术，是知识传授、信息反馈的重要渠道，是阅读教学的常规武器，也是激发学生思考、促进学生思维的重要方法。

教师都希望自己的提问得到学生的积极响应，所以教师保护学生课堂发言的积极性，对学生心理、行为的深切理解和适度宽容就十分必要。

总之，学生的积极心理犹如娇嫩的花蕾，需要教师用心血去浇灌、爱护，才能让其怒放争艳。

五、选择好提问的方法

善于启发学生回答问题，也是课堂教学艺术的主要组成因素。启发学生答问的方法很多，教师要做到深入钻研教材，挖掘其中的快乐诱因，寓教于乐，寓学于趣，让学生的感情与教师产生共鸣，那么学生就会对教师提出的问题进行积极思考，踊跃回答。归纳启发学生答问的方法，有如下几个：

1. 形象直观法

运用真实事物标本、模型、图片、幻灯等教学媒体传递教学信息，进行具体的教学活动，充分调动学生多种感官的参与，提高学生学习、问答的兴趣。

2. 动手操作法

让学生动手操作有时比教师讲解效果好得多，因为学生在动手操作过程中，会遇到一系列的实际问题，这会促进学生进行思考、探索。所以教师要鼓励学生借助学习工具，通过画、量、拼、剪、比等动手动脑，主动探索、创造，让学生尝到求知的乐趣，使知识进一步得到深化，这样学生回答问题就会更深刻。

3. 创设情境法

创设有效的课堂教学情境要求教师从学生的生活经验出发，创设一定的教学空间来引发学生的学习兴趣、激发学生的求知欲望、诱发探究心理、培养创设精神。因此，提问时应遵循规律，创设扣人心弦的情境激发兴趣。这样的课堂提问，把学生带入独特的情境之中，激发学生独立思索的兴趣和动力。

4. 实验发现法

在课堂提问中，有一些问题通过实验，让学生亲自动手实践，主动去探索，教师引导他们把实验过程中所获得的感性认识用各自的语言表达出来，再通过互相交流、讨论，使感性认识上升到理性认识，形成科学概念。

5. 竞赛激励法

竞赛激励法就是教师要运用各种元素与关系来激发学生参与课堂的主动性，借助激励手段来提高学生参与学习的热情，最终达到提高教学效率的目的。教师根据学生好胜心强这种心理特点设计新颖别致的比赛活动，引发竞争意识，让学生在"比"中得到自我表现的机会，常常会掀起抢答热潮，取得不错的效果。

6. 搭桥引路法

在教师提问中，为了加强新旧知识的联系，往往会有一类问题源于旧知但活于新知，这时有些学生往往回答不上来。这时候就需要教师搭桥引路，比如提示思考的范围、对象、方法等，引起学生联想，让他们迅捷地以旧推新，顺利地回答教师提出的问题。

7. 举一反三法

举一反三法就是指教师通过教材中一个例子的教学，能使学生闻一知十，触类旁通。有些问题由于思路不同，则方法也不同，教师只需问在当问之时。

六、答问后的处理艺术

在教师提问时，如果学生对所提问题答得不够全面、深刻、正确，甚至一无所知或者答非所问，这时教师应认真及时地进行恰当的处理。

1. 接通思路

在教师提问时，如果学生对所问茫然无知，主要原因是学生对所提问题不理解，所以回答不上问题的正确答案。这种情况出现时，教师就要帮助学生指出思考问题的方向，接通学生的思路。学生按照教师给出的思考方向思考问题，对问题就会有正确的答案。

2. 拨正思路

在教师提问时，如果学生的理解偏离了问题的主题，答得不够正确或出现答非所问的现象，教师就要帮助学生好好进行审题，通过认真审题弄清题目要求回答的内容，拨正学生的思路。学生审明了题意，拨正了思路，经过再次思考之后，就可能对问题做出正确的答案。

3. 深拓思路

在教师提问时，如果学生对教师提出的问题的理解只浮于文字的表面而不够深刻时，教师就要通过深拓思路的方法对其加以指导。经过教师深拓思路的指导，学生对问题的理解就会达到应有的深度。

4. 广开思路

在教师提问时，如果学生理解得很片面，虽然答对了一部分，但答案不完整，教师就要通过广开思路对学生加以指导，这样学生对问题就会比较全面地理解，然后经过全面地充分地思考做出完整的答案。

教师在学生答问时要认真聆听，仔细观察，注意反馈信息，及时矫正，及时评价，及时给予指导，从而激发学生答问的兴趣，提高答问的积极性。

第十二章

结尾的技巧

第一节　课堂结尾三原则

有一句俗语叫"编筐织篓，重在收口"。这里的收口便是收尾，可见收尾工作的重要性。同样的道理，课堂教学也重在艺术结尾，好的课堂结尾，既是一节课的高度总结，又是一节课的提炼升华，还能让学生激发联想，诱导兴趣，从而取得"课虽尽而趣无穷、思未尽"的效果。

好的课堂结尾是艺术，是妙手偶得之天成。它通常有以下几个特点：

1. 天然去雕饰

一节本真的常态课，固然离不开执教者精心巧妙的教学设计，但它的教学任务的完成应是自然而然的事。所以，一节课的结束应该是自然而然的，千万不能硬性地加上一个尾巴。至于教学过程中，我们一定要依照教学要求做好教学计划，无论是导入还是教学过程步骤都得按照计划安排来进行，同时要注意到课堂节奏的变化，有意识有准备地调节课堂教学内容和层次，使教学任务的完成水到渠成、自然妥帖。有两种情况要注意：一是课堂结束时，因为教学节奏过快，一节课结束时留的时间过多，学生无事可做，教师为应付时间，匆忙收场，仓促布置学习任务；二是课堂讲授内容过多，这边时间不够，那边还在匆匆完成课堂教学任务，于是仓皇结束逃离课堂，学生既无法回顾本节课老师所教的知识，也无法消化当堂所学。如此安排实不可取。有经验的老师的做法是：一堂课结束前两三分钟教学任务完成，老师和学生一起回顾本节课所学的内容，设计一下课后练习巩固，轻松自然，不枝不蔓，天然自成。

特别提醒的是，优秀的课堂其结束用语要少而精，巧妙扣紧本课学习重点，简单明了地结束，回味无穷地总结，看似结尾，实在新起。

2. 前后相呼应

一节课，如同一篇文章，总得注意首尾照应，注意才能结构完整。每一堂课的进行，开课时的诱导引入，让学生渐入佳境，结束时要适当照应开头，这样会给学生一个完整的感觉，不能是前有交代后无照应。

特别注意的是，结束一节课的教学内容，务必要做到：一方面帮助学生梳理当堂所讲的知识要点，归纳总结重点难点；另一方面照应开头提出的问题，给予归纳总结。这时的归纳总结，不要搞强调重复、原样再来，而是扣住要点，发人深省。其方法或者是揭示课堂讲授的中心要点，或者是归纳所讲知识网络结构图例。

3. 言尽意不尽

课堂的结尾不等于课堂学习的结束，而是进一步引入新的思考。许多优秀的老师，在课堂教学结束时，他们都不只是局限于课堂本身，总是注意课外和课内的相互沟通、本学科课程与活动课程的前后沟通，细心的教师会注意给学生留有思考的问题，余音袅袅，老师的话说完了，但留在学生的心中的思潮正在形成，达到了言尽而意不尽的迷人效果。

第二节　课堂留白的艺术

我们知道，许多优秀的文学作品"不着一字，而形神俱备"，好的音乐作品常常是"无声胜有声"，这种艺术表现手法叫留白。在国画中这样的艺术手法更是出神入化，就是用一片空白来表现画面中需要的水、云雾、风等景象，这种技法比直接用颜色来渲染表达效果更生动，更耐人寻味。有意思的是，在教学过程中我们也可以运用留白艺术——就是课堂恰当的空白。

我们这里说的空白，是在一节课结束前的五分钟，我们不妨来个"空而不白"。比如，一节45分钟的课，留出最后5分钟的空堂时间让学生自由发挥，以展示他们某一方面的个性特长。这样做表面上占用了一节课的教学时间，但事实上并没有影响教学进度和教学质量。因为课堂空白5分钟对活跃学生的思维，甚至是对学生个性的改变都有极大的促进作用。

这5分钟空白怎样"空而不白"呢？

第一，务必要让每名学生从心里认识到：这5分钟是老师特意留给自己的馈赠。大家虽然学了新的知识，但自己还有难以解答的许多问题，还有许多新的想法、疑惑，可以在5分钟空白中，解决问题，表现自己。就这5分钟，可以激发出学生一种对知识、能力的不满足感，从而提高学习兴趣。

从表面上看，5 分钟的确很短，但为了这 5 分钟表现，准备的过程远不止 5 分钟。因为学生一分钟或半分钟的课堂表达，往往需要 10 分钟、30 分钟，或者几个小时的课外准备。这就要求我们做教师的，要做好精心设计和特色指导的工作，组织学生做好信息的收集、步骤的整理和信息的反馈工作。一定要让学生在这"5 分钟"里多说话，多思考，老师要想方设法创造一切条件让每一个学生充分表现个性特长。

如提高阅读能力。一般的做法是在课后安排组织阅读小组，安排学生查找相关资料、尽可能阅读原著，最大限度地多接触与课文有关的文学名著。充分利用这 5 分钟空白，指导学生以文章朗读、故事演讲、作品分析、人物形象介绍等不同形式在全班同学面前展现自己。为了这几分钟的表现，许多同学在一年时间内广泛阅读十几部中外名著，一方面自己增长知识，另一方面帮助其他同学扩大了视野。

第二，教师要敢于放下身段，在课堂 5 分钟这段空白中学生发言时，教师不要随意打断，不要站在高处随意评判，即便是学生某些知识点出现错误，老师都不要着急马上指正，而是放开手脚，让学生在讨论争辩中明白错误，作出判断，在自我修正中提高。这样做往往更有利于学生树立自信心，达到自我学习自我提升的目的。

第三，最后 5 分钟的课堂空白，教师不可空，更不能白，应有计划、有安排地创造新的知识诱导点，新的引入点。想尽方法把包罗万象的知识、妙趣横生的方法、趣味横生的问题用到 5 分钟的空白之中，对学生点到即止，让学生在寻找、思考中面对疑惑，解决问题，让表面的"空白"在事实上变得充实盈满起来。

第三节　课堂结尾的方式

结课的具体方法是法无定法，没办法给每一节课来个必需的固定的结尾模式。我们日常的结课大致有以下几种方式：

1．梳理总结式

这是最常用的方式。将本节课所学的内容来一次总结梳理，特别是要强调重点，突出难点。许多教师通过多媒体展示结构图、知识树来帮助学生强化记忆。教师语言应简洁生动、风趣幽默，三言两语但意味深长。

2．前后勾连式

通常意义上的前呼后应，能给学生一个完整的知识点。总结课文可以用文中的内容总结作答，也可以上下左右沟通，用相关的知识、学科知识之间来联系回答。

3．中心点明式

一节课的结束，几句话画龙点睛，让学生对关键问题突然明白。老师常常是几句言简意赅的结束语把这节课所传授的知识重点总结出来，有利于学生去繁从简，正确理解文章中心要点。一般数理科教师有这样的说话形式："今天我们这堂课主要是讲……"如此安排，学生印象深刻。

4.耐人寻味式

这样的安排妙在激发学生的思考。就是高潮放在结尾处，一节课在高潮处突然停止，学生猝不及防，必然用心思考原因。要注意的是，老师在课结束前一般是暗示学生从几个方面去思考，如此安排，一方面能把教师的教学意图体现出来，另一方面也可启迪学生思维心智。

5.情感号召式

这是课堂教学结束时老师用语，几句热情四射的课堂用语，把学生的感情激发出来，从思想上受到鼓舞启发，从而生成探究新知识的动力。

6.动手练习式

在课堂上学习的只是方法，结束时要把所学方法与具体实际相联系，以解决学生虽然学懂了但不会用的问题。结束本节课时，恰当布置练习与作业来帮助学生复习、巩固所学知识，并形成实际的学习能力和方法。通过有梯度的练习，让学生掌握并巩固所学知识。

也可以开展活动，让学生学习兴趣得到激发，学生的知识运用能力因之提高，方法有讨论或竞赛等，方法不一。一句话，学生脑子动起来，身体活起来，课结束了，学习却开始了。

这样的结束才是艺术的结束，更是有意思、有收益的课堂结束。

第十三章

练习与应用

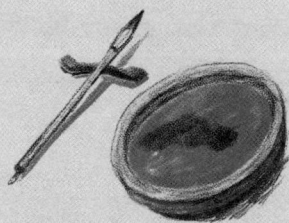

第一节　练习设计五原则

　　课堂练习是课堂教学步骤中的重要一环。新课教学任务完成以后，为了让学生理解消化学过的知识形成自己的能力，通常是以一定形式的练习来达到这样的教学目标。如何高效地达到这样的目标，练习的设计和安排就显得尤为重要。

　　练习，要做到适当有效。适当，是不能加重学生的学习负担；有效，是要达到一定的学习目标。练习设计应该遵循以下原则：

1. 整体之中目的明确

　　一节课堂教学结构安排由多部分组成，它是一个有机的整体，其中一个重要的组成部分是课堂练习。在课堂教学中，课堂练习的安排与操作是为完成一节课教学任务来服务的，任何形式的练习设计，都不能游离于课堂教学之外，也不能成为课堂教学中可有可无的"补丁"，更不能是为练习而练习，甚至变成为做题而做题。不管何种形式的设计，课堂练习必须遵从既定的教学目标，为巩固所学的教学内容发挥作用，所以练习的设计既要有整体意识又要有明确的目标。也就是说，练习设计的目的，是为整个教学目标的实现服务，也是为单个的教学任务完成提供帮助，指向要精准，目的要明确。

2. 丰富多样层次分明

丰富多样性课堂练习设计，随着学生理解所学知识点的不同而进行调整。同时，练习形式的不同，也能帮助学生实现对知识的内化，从而掌握知识，形成技能。传统的题型有简单回答练习、口头练习、选择练习、正误判断练习、补充练习、综合运用练习等；从思维方式上看，有反向思维练习、发散思维练习、非静态思维练习、机械思维练习等；从练习目的看，练习设计的着眼点要在学生的认知特点和学习兴趣点上面，并且要适量、分层，从而帮助学生实现知识的系统化、网络化、集成化，这也是多样化学习的优点。

需注意的是，多样性的练习要做到有梯度、有层次，学生循序渐进进行，从而逐步提高。通常意义上讲，一般的课堂练习设计注意做到三个梯度。第一梯度是模仿起步，通常是基本的、比较容易的题目，这是面对大部分学生尤其是学困生安排的，这个梯度的练习是将所学知识"化生为熟悉"的步骤；第二梯度是灵活提高，带有综合性、灵活性的题目的设计，面向那些具有上进心的学生，这是让学生用知识转化为技能，也是让知识形成技能的步骤；第三梯度是一些思考性、创造性强的题目创造设计运用，这是针对学有余力的优等生的练习设计，这是对知识强化、优化的重要步骤。

3. 既有典型性又有针对性

课堂教学要讲效率，高效率课堂是完成教学任务的必需。每节课堂教学时间是固定的，更是有限的，因之，练习设计不能搞大水漫灌、全面铺开撒网。课堂练习设计应适当，这就要求练习内容要少而精。所以每一次的课堂练习设计，无论是题型的设计还是练习的形式都要注重典型性，练习之中提示学习的重点，暗示学习的目标，检测学习的效果，做到适当题量，不少不滥；练习之中，学生通过练习题的练习，过程之中能做到举一反三、触类旁通，从而达到启迪思维、培养能力的目的。

基于这点，我们要有针对性地注意练习设计，在练习形式中注意灵活多样性。设计的练习题应根据教材面对学生实际情况,结合教学内容要求及学生接受能力,使其具有鲜明的针对性。同时,要符合学生的认识规律、思维特性和知识水准,不搞无限制拔高,不做无原则降低,面对教学内容的重点、难点及关键点来设计练习,特别是学生容易出错的内容要多次练习,强化训练,在不断的练习中掌握教学的重点、难点。

4. 在趣味中渗透能力

有一句老话,兴趣是最好的老师。做任何事,有了兴趣才有动力。注意培养学生的学习兴趣,练习的设计一定要注意这点,所以练习的形式设计安排、选用的题材运用、设计的要求等,都要激发学生求知欲,培养学生的兴趣点。在练习题的形式设计之时,老师要尽可能摆脱重复的习惯模式,对一些陈旧、呆板、单调的练习形式要大胆摒弃,多设计形式新颖、训练有趣的题目。这里要提醒大家注意的是,作为整个课堂教学设计的一部分,练习的设计不可缺少对学生进行思想品德教育的内容,动手动脑中渗透情感诱导,让学生在练习中潜移默化地接受良好的行为习惯教育,让全体学生形成社会主义核心价值观。

5. 在规律中获得启发

每个学生都有自己的认知规律,学过的知识不可能永远记住,不再遗忘。对已经学过、练过的知识与习题,要做到"温故而知新",注意适当复习。定期做一些复习性的习题,在反复之中让学生摸清规律,掌握方法。练习的形式可结合单元复习进行,也可结合新的知识点训练。适当的反复不是重复,因为做一些以新带旧、新旧结合的题目,使得学生在遗忘时获得新的记忆,恢复学过的知识体系。这样一个螺旋式反复,达到了阶梯式样的上升,恢复之中,不仅是旧知识的苏醒,而且是获得了一种启发、一种能力,形成了智慧。通过如此的练习,学生掌握解题方法,找到解题思路,发现解题规律。

第二节 练习设计十六法

练习的目的不是加重学生负担，更不可以是做无用功，练习设计应遵循一定的原则和目标，根据不同题型、不同课型而灵活掌握方式方法。以课型为例，有复习课的练习设计、新授课的练习设计、作业习题课的练习设计等；以题型为例，有发散题型、迁移题型、综合题型、题组题型等。下面就常用的 16 种练习设计的方法作出说明：

1. 准备性练习

为导出新课讲授新知识而设计的练习叫准备性练习。它起着复习巩固、激发求知欲、扫除学习障碍、为新知识学习做准备的作用。准备性练习涵盖多方面内容，既能激发学生求知欲，又能为学生学习新知识做铺垫。在设计这类题目之前，要求设计者一定要认真分析旧知识和新知识之间的关联点，要弄清学生在旧知识学习中容易出错的点，并充分考虑知识的迁移规律、学生的心理因素等，这类题设计，分量不宜大，一般控制在 2 ～ 5 分钟时间为宜。

2. 尝试性练习

在初步学习新知识后，让学生尝试运用新知识解决新问题是尝试性练习目的。根据这样的目的所设计的练习叫尝试性练习。它的设计，最大的意义在于，在第一步接触新知识后，处于一个既熟悉又陌生的情境中的学生，通过恰当的练习，激起对本节课的学习内容的浓厚兴趣，从而调动学生的学习积极性、主动性。所以，务必做到新知识与旧知识的联系是练习设计的要点，不妨在编排准备题的基础上，巧妙进行形式安排，顺理成章引出尝试题。如理科功课的尝试性练习，要注意例题与尝试题的联系，使例题与尝试题题型上有相似点，难度适中，方法一致，使得学生在自我学习中通过类比来解决尝试题。

3. 迁移性练习

迁移性练习，其目标是为使学生将旧知识向新知识过渡而设计的练习。迁移性，指的是触类旁通，以一当十。这样的练习安排，教师应在教给学生和旧知识有密切联系的新内容时，通过过渡性练习设计，使得学生在学习新知识时有个铺垫，有个过渡。一部分学生在学习新知识碰到困难时，通过一些诱导性的迁移练习，让学生由此得到启发，达到较快地理解掌握新知识的目的。

4. 形成性练习

在学习过程中，为落实学习任务的完成而设计的练习叫形成性练习。这样的练习有具体的教学目标需要落实，有时也是为一个教学步骤的完成而设计的练习。形成性练习题设计，其依据是教学目标的设定。通常而言，教学过程之中教学目标的某一项要求，都要有一个或者一组形成性练习与之对应。有了对应性的练习，教学的目标的实现才有了依据。如教学立体几何时，对每一个定理的学习都应有恰当的练习安排，让学生在练习中把握定理的含义，理解定理运用的方法。

5. 专项性练习

专项性，指向单一。通常是在某一个知识点甚至是一个教学环节之中的练习，它是专门为针对某一教学目标，或者为解决某一方面的问题而设计的练习。它是集中力量，分点突破，逐个消化，逐个吸收。这样的练习，可以放在讲解完例题之后，或做完一组基本题之后进行。围绕用新知识来解决问题生成能力，让学生对新知识有了清晰的表象之后，大部分学生掌握基本的原则和解题思路。

6. 综合性练习

所谓综合性，是指把相关的不同知识点放在一起，把所学的知识放在一起由此进行的练习叫综合性练习，这种类型的练习相对于专项练习来说，其做法大都是在学完一部分内容、一组课文或一个教学单元之后，把练习内容一个个单一的部分，依据它们之间的内置关联来综合成一个或一组练习形式来进行的整体练习。这种练习综合性特点鲜明，通常是期中、学期结束复习时来安排这种综合性练习。

7. 思辨性练习

练习的目的是通过强化练习，加深对相关知识的区别和理解，引起对关联的知识点的集中思考。这样的练习叫思辨性练习，它是针对教学中易出错、易混淆的学习内容而安排的练习。如学习概念之后，需要对概念之中的定义限制、词语表述进行细微区分，通过错误判别的练习设计，达到明确概念，理解运用概念的目的。

8. 对比性练习

对比性练习和思辨性练习有相通之处，它同样是针对教学中易出错、易混淆的内容而安排设计的。但它们之间既有相似又有区别，它们的区别在于：思辨性练习侧重于对知识内容的细微差别进行比较，一般两类，也可以三类；而对比性练习是对明显不同的知识内容进行对照，它的侧重点是在两类知识之间的比较。通常意义上讲，选择填空判断对错属于思辨性练习，而比较性词语组合、句型搭配、列式整理则属于对比性练习。

9. 拓展性练习

练习设计需要就某个知识点进行延伸，即练习具有知识拓展性。拓展性练习以某一类知识为起点，把和它有联系的相关知识也归纳进来进行设计，这是它一般做法。需要目的明确、指向具体，而且按照层次分明、由易到难、由浅入深的原则分步安排。其意义是拓宽学生的知识面，学生对某一类知识全面、深入地得到进一步加深。

10. 转化性练习

知识要转化成能力才能解决问题。由一类知识向另一类知识转化，或者把题目的已知条件转化成解题思路，这样的练习叫作转化性练习。这样的练习设计，其最大意义是帮助学生掌握问题的本质，并了解形式上的变化。这种练习是通过知识迁移来完成的。

11. 发散性练习

发散性练习与拓展性练习形式不同，但目的一样，都是在某一类知识内容起步，紧紧扣牢这一类知识的学习内容而安排的多种形式的练习。表面上是知识点的发散，实际上是知识能力的拓展。从练习的形式上看，是由封闭性习题转变为开放性习题，思路开阔，从多方面、多角度帮助学生来理解问题的实质，从而引导学生培养自己多向思维能力。

12. 归纳性练习

归纳性练习，又称总结性练习，它与综合性练习有相像之处，它的目的是归纳总结。教学过程中学完一个部分、一个章节，或者一个教学单元之后，归纳性练习是通过对所学知识进行条理化系统性的梳理而精心设计的练习。采用归纳要点、列表总结是它一般特点，也可以是用列表对比等形式来进行。

13. 诊断性练习

带有检查失误性的练习叫诊断性练习，这是教师为掌握学生的学习情况，检查学生学习的缺陷而设计的练习。诊断性练习的作用，是检查学生对已学的知识掌握情况，在以往的学习过程中还有哪些不明白、容易出错的地方，以便在接下来的教学环节中改正或提高。

14. 巩固性练习

顾名思义，学过的知识点要巩固，在巩固中提高理解运用能力。抓知识的重点、难点和容易出错点是这种练习设计的关键点也是最突出的要点，设计的原则是精、准、狠。习题的设计要精巧、准确、有力，做到温故而知新，让学生运用所学知识懂得自我学习，从而掌握新知识，起到事半功倍的效果。实际运用中，巩固性练习和各单元章节教学目标应保持一致。

15. 沟通性练习

让学科新旧知识间得到沟通，或者是让相关学科知识间左右关联，这就是沟通性练习，它是为加强知识间的联系与沟通而设计的练习。因之，教师应该做到不仅要准确理解本学科的知识，还要懂得相关学科的有关知识，这时候的教师不仅是一个专业学科的教师，几乎是全学科的全能教师，只有这样，才能设计好沟通性练习。

16. 创造性练习

创造性练习是为能进一步培养学生的创造能力，我们设计的一种练习形式，目的是让学生在掌握基本练习的基础上再发挥再创造。如课上，学会用一个词造句，在这样的基础上，进一步要求多用几个词组合在一起写一段话；再进一步，用连词写话的方法，还可以引导学生连词作文。所有这些都属于创造性练习。

练习设计的形式不会是一成不变，更不是公式固化，需要因势利导适时适地地创新设计。如对学生的论述性练习、采集性练习、阅读性练习、表演性练习等，都可以因环境对象的改变而设计。

第三节　练习安排十二法

有了好的练习设计，需要将这些练习安排在一定的时间来完成，让练习的作用发挥到最大化。恰当的练习安排，能真正地起到巩固知识、形成技能、发展智力的作用。所以，一个深谙教学之道的好老师，不仅仅是注重练习的设计，还应关注练习的安排。练习安排通常采用以下 12 种方法：

1. 练习前铺

为了给学习新知识扫除障碍，做好铺垫准备，有时可以把练习放在讲授新知识之前。准备性练习、迁移性练习等一般适用于这种安排方式。

2. 练习后续

后续，指的是讲授完新知识，立即安排练习以便理解、巩固新知识。尝试性练习、思辨性练习等适用于这种安排方式。

3. 递进练习

这是一组练习，有层次、有坡度如同梯形题设计，这是需要针对教学内容的进展情况，由易到难、由简单再到复杂，分步练习，分步达标。

4. 连环练习

知识前后关联像链子连在一起，一般的做法是，解决上部分内容的疑难，又引导启发下部分内容的练习。这些任务是通过一个练习来完成的，这就是连环练习。

5. 组合练习

顾名思义，把各种不同形式、不同难度的练习放在一起，形成题目，让学生通过题组的练习，掌握重点知识。

6. 搭配练习

因教学内容目标不同而设计的练习，依据时间、内容而搭配习题练习。单项性练习、转化性练习等可采用这种方式安排。

7. 整体分割

根据教学安排，需要先整体性设计一套完整练习，再根据教学内容的进展，分别出示给学生。形式上，这与搭配式练习有相通之处。

8. 重难点突破

抓住教学内容的重点，设计一些较为集中的有分量的练习，让学生通过练习，突破教学内容的重难点。

9. 分散安排

对于一些特别复杂、特别难懂的知识点，教学时教师可化难为易，化整为零，把较为复杂的内容分散成相关的几个简单练习，让学生在简单练习的基础上逐渐突破。

10. 因人而异

设计不同梯度的练习题，针对学生学习程度的不同因人而异进行安排，使得所有学生通过老师的练习安排都能有所收获，有所长进。大部分时候的做法是，在学习完一段新知识之后，对学困生可以安排设计一些基本的、简单的单项性练习，或者判断性练习、强化巩固性练习、沟通性练习，而对学有余力的学生，可安排和设计一部分比较难点的带有拓展性练习，也可以是尝试性练习、发散性练习，或者是创造性练习等。

11. 虎头豹尾

老虎的头部威猛精彩，豹子的尾巴遒劲有力，即在课堂开头及结尾时都设计、安排一些质量较高的练习，为揭示和巩固所学内容创造条件。注意分量适中，"虎头"式的铺垫、"豹尾"式的巩固，较好地熟悉和掌握某一个知识点的教学内容。

12. 精选优化

这里强调的是设计一些质量较高的作业练习，作为教学内容及课堂教学活动的延伸，放在课下，或者是在"第二课堂"，让学生独立完成。因为课堂教学时间有限，有些教学内容一节课几节课很难让学生完全、熟练掌握，必须借助课外作业练习来完成。教师对课本上的练习题精选优化，还可以课外补充，但是千万不可求多而运用"题海战术"。要严格按照国家教育部规定的课外作业活动总量，精心设计课外练习，并使练习发挥出应有的作用。

第四节　练后评析六方式

1.评论式

让学生动起来。练习后根据练习要求，指定学生汇报解题思路、解题方法和得出的结论，教师引导其他同学进行评论。在学生的评论中，教师及时小结评优。这种评析方式，师生联动，教学相长，学生的学习积极性容易得到调动。

2.改错式

让错误曝光。学生练习时教师注意检查，当场发现问题，特别是学生练习中普遍存在的问题和典型错例，并展示在黑板屏幕上，引导学生注意，引导学生找出错误，分析错因，正确理解。这样评析目的性强、精准纠错，学生印象深刻理解到位，而且大都能形成自己的知识运用能力。

3.概括式

引导学生归类提高。练习后及时组织学生一起交流体会——学到了什么，懂得了什么，获得了什么。还可引导学生概括出自己所做题的特征方法、解题规律等。这种评价方式，意义在于有利于学生将所学的知识连点成线，结成网络，形成系统。

4．对比式

引导学生反思提高。练习后将形同实异、形异实同、概念易混淆或顺逆不同解题思路的习题放在一起，组织学生进行分析比较，引导学生反思，在相同之中求不同，不同之中求相同，目的是让学生审题、分析解决等能力得到提高。

5．点拨式

这样的方式是针对习题中的重点、难点和关键点，教师对重点、难点突破的方法以及要强调的关键点作适当点拨和提示，让学生引起注意。这种评析方法，抓住了一节课的重点和巧点，这样一来，教师的做法往往是点石成金，妙不可言。

6．联想式

让学生脑子动起来，不能让学生死做题。做题后引导学生联想：所做的习题与以前所学的什么知识有联系？新旧知识的连接点是什么？新旧知识的不同点在哪里？这样，所学的知识才能形成系统，转化为能力。